AUWÄLDER

Auge in Auge mit einem der Bewohner der Au (Erdkröte):
Der artenreichste Lebensraum Mitteleuropas wartet auf das
Erwachen der menschlichen Vernunft.

Robert Hofrichter und Kathrin Herzer-Schmidt

AUWÄLDER

Die letzten Dschungel Europas

Edition Rasch & Röhring

Nachfolgende Doppelseite: Der europäische Auwald nimmt ökologisch eine ähnliche Stellung ein wie die Regenwälder der Tropenregionen. Größere zusammenhängende Auwälder – die aber lange nicht mehr unberührt sind – findet man in Mitteleuropa nur noch an wenigen Stellen an der Donau und am Rhein.

Impressum

Umwelthinweis:
Der Inhalt dieses Buches wurde auf Papier mit chlorfrei gebleichtem Zellstoff gedruckt. Das Einbandmaterial ist recycelbar.

Die Deutsche Bibliothek – CIP Einheitsaufnahme

Auwälder
Die letzten Dschungel Europas.
Robert Hofrichter, Kathrin Herzer-Schmidt.
Steinfurt: Tecklenborg Verlag, 2000
Edition Rasch & Röhring
ISBN 3-924044-88-0
NE: Robert Hofrichter

1. Auflage Oktober 2000

© 2000 by Tecklenborg Verlag
Siemensstraße 4
D-48565 Steinfurt

Layout: Jan Tölle, Stefan Engelen
Lithoherstellung: Druckhaus Tecklenborg

Printed in Germany by
Druckhaus Tecklenborg, Steinfurt

Das Werk einschließlich aller seiner Teile ist urheberrechtlich geschützt. Jede Verwertung außerhalb des Urheberrechtsgesetzes ist ohne Zustimmung des Verlages unzulässig und strafbar. Das gilt insbesondere für Vervielfältigungen, Übersetzungen, Mikroverfilmungen sowie die Einspeicherung und Verarbeitung in elektronischen Systemen.

 Verlag und Autor garantieren, dass es sich bei den Fotografien in diesem Werk um Originalaufnahmen handelt, die nicht digital verändert wurden.

ISBN 3-924044-88-0

Die Schönheit der Auen wurde in der Zeit der Romantik vielfach besungen und auf Gemälden festgehalten. Bis zu 90 Prozent der ursprünglichen Auengebiete Mitteleuropas wurden in den letzten Jahrhunderten zerstört.

Geleitwort

Nicht zufällig entzündete sich vor 15 Jahren einer der größten Umweltkonflikte Österreichs am Schutz der Donau-Auen. Für viele Menschen wurden sie zur Idealnatur des Tieflandes; schon flämische Maler verwendeten Auenmotive für ihre Paradiesdarstellungen, die englischen Landschaftsgärtner versuchten ihnen nahezukommen.

Die moderne Verhaltensforschung am Menschen hat uns überdies gezeigt, dass der *Homo sapiens* angeborenermaßen ein „konstitutionelles Wasserrandwesen" ist. Die faszinierende Wasser-Wald-Verzahnung mit unzähligen spiegelnden Saumbiotopen kommt dieser Vorliebe – die man schon an Kindern beobachten kann – besonders entgegen. Für mich ist die Au die absolute Landschaft. Seit ich sie in ihrer pflanzlichen und tierischen Artenvielfalt erlebt habe, in ihrem rasanten Wechsel durch die Jahreszeiten, in ihren sich völlig ändernden Gesichtern im Zuge der Hoch- und Niedrigwasserstände – ein „permanenter Katastrophenstandort" –, empfinde ich sie als eine so abwechslungsreiche Landschaft voller „Sensationen", das heißt Schaureize, Raumeindrücke und Organismen, dass mir viele andere Landschaften dagegen langweilig erscheinen.

Ich ertappe mich dabei, die Natur eigentlich am liebsten in Nationalparks zu erleben, danach aber hochkultivierte gewachsene Altstädte zu genießen. Diese „Wechselbäder für die Seele" zwischen erschlossener Wildnis und Urbanität, das ist für mich die Conditio humana, scheint mir das Optimum für Homo sapiens, der ja eigentlich „Kulturwesen von Natur aus" ist, ein Wesen, das sich von seinen Affenahnen 30 Millionen Jahre in der Wildnis entwickelt hat – und nun Natur als Seelenvitamin braucht –, weil es sich in einem Kulturprozess sondergleichen gebaute technische Umwelten schuf, die es bis zum unbewussten „Naturverlustschock" seinen biologischen Wurzeln entfremdete. Dies schicksalhafte Pendeln zwischen Natursehnsucht und Kultiviertheit empfindet man besonders als Ökologe im ostösterreichischen Raum – wo man die Millionenballung der pulsierenden Metropole Wien, aber auch Kulturperlen wie die Barockschlösser des Marchfeldes, die Ausgrabungen mit Resten des Römischen Weltreiches oder die vom Mittelalter her geprägte Stadt Hainburg findet und auf der anderen Seite, beginnend nur 16 Kilometer vom Stephansplatz in Wien, glauben könnte, man sei am Amazonas. Manche Stellen in den Donau-Auen erinnern einen an Zuflüsse des Orinoko, nur eben ohne Pirhañas und ohne Giftschlangen.

> *Es ist sonderbar, aber ich fühle mich jedem Baum im Walde geheimnisvoll verwandt. Es ist, als habe ich einmal dem Walde angehört; wenn ich hier stehe und um mich blicke, zieht gleichsam eine Erinnerung durch meinen ganzen Menschen.*
> Knut Hamsun

Wir verdanken dies einer idealistischen Massenbewegung, einem Weihnachtswunder im winterlichen Wasserwald des Jahres 1984. Wir gedenken seiner voller Demut – nie triumphierend.

Das Großartige dabei war, dass unter dem Einfluss des besorgten Aggressionsforschers und Nobelpreisträgers Konrad Lorenz das Prinzip Gewaltfreiheit zur gelebten Praxis wurde. Ich glaube, dass das eines der Geheimnisse des Erfolges war. Ein weiterer Wurf der Naturschützer war, dass dann die Au auch noch gekauft wurde, denn nichts wird in dieser Gesellschaft höher respektiert als Eigentum. Naturschutz – nicht durch Enteignung (wie es die Gegenseite zur Durchsetzung von Straßen- oder Kraftwerksbauten praktiziert), sondern durch Eigentumsbildung: viereinhalb Quadratkilometer Au an strategischer Stelle. „Kaufen statt Raufen", „Besitzen statt Besetzen", „Retten statt Reden" waren einige der Parolen.

Mit der Natur ist es wie mit der Gesundheit. Ihr Wert wächst erst ins Unermessliche, sobald sie schwindet. Und so ist es mit unserer Industrie-erkrankten Biosphäre, dass es ihr vielleicht im Ganzen so geht wie vielen ihrer Topmanager im Einzelnen, welche die erste Hälfte ihres Lebens mit ihrer Gesundheit hinter dem Geld herlaufen, um in der zweiten Hälfte des Lebens mit ihrem Geld hinter der Gesundheit herzulaufen. Bloß kann man erloschene Arten nicht mehr zurückkaufen.

Ich glaube, dass das, was am Beispiel der Donau-Auen bei Hainburg geschah, Signal einer nie dagewesenen geistesgeschichtlichen Wende ist, von der erst die wenigsten Menschen begriffen haben, wie fundamental und wie fast religiös sie ist. Unsere bisherige Ethik, unsere Religionen, humanitären Philosophien von Moses bis Mohammed, von Plato bis Kant, von Jesus bis Marx, sie alle sind eine Ethik zwischen Mensch und Mensch und/oder eine Ethik zwischen Mensch und Gott. Hier ist alles Wesentliche gedacht und gesagt, wenn auch nicht getan. Den Wert der Wildnis aber sahen sie nicht. Das Existenzrecht auch der scheinbar unnützesten Mitgeschöpfe anzuerkennen, den Schutz der Evolution, die zweckfreie Bewunderung der aufregenden Schönheit, der reizvollen Vielfalt und verblüffenden Angepasstheit der Arten an ihre natürlichen Umwelten zum Prinzip gesellschaftlichen Handelns zu machen, eine neue Schöpfungsethik, Nutzungsverzicht als Wiedergutmachung an der Natur – das wäre der erste wirkliche ethische Fortschritt seit zweitausend Jahren. Sakralisierung letzter Restnatur, Nationalparks als heilige Haine des 21. Jahrhunderts.

Dieses Buch ist in Wort und Bild ein Beitrag zur Fundierung dieses neuen Wertverständnisses.

Die Ehrfurcht vor Wasser, Baum und Wald – alle drei sind substanzielle Bestandteile des Auwaldes – ist seit Urzeiten tief in der menschlichen Psyche verwurzelt. Wasser und Baum sind Quellen und Symbole des Lebens schlechthin. Möglicherweise erklärt das zumindest teilweise die Faszination des „Waldes im Wasser" auf den Menschen.

Prof. Dr. Bernd Lötsch
Direktor des Naturhistorischen Museums in Wien

Vorhergehende Doppelseite: Im Frühjahr erwacht der Waldboden zum Leben. Noch bevor sich das Kronendach schließt, schlägt die Stunde verschiedener Kräuter. Kaum ein anderes ist aber für die Au so typisch wie der Bärlauch. Ein Geruch nach Knoblauch schwebt im April und Mai für einige Wochen im Wald.

Der kleine Steinkauz (Athene noctua) bevorzugt offenere Landschaften und lichte Waldbereiche. Bei seiner Nahrungswahl ist er nicht wählerisch: er erbeutet neben Mäusen und kleinen Vögeln auch Frösche, Eidechsen, Regenwürmer, Käfer und Heuschrecken.

Nebelkrähen (Corvus corone cornix) sind ökologische Anpassungskünstler, die unter anderem auch in den Randbereichen von Auen und angrenzenden offenen Kulturlandschaften vorkommen. Sie brüten hoch auf Bäumen, wo sie große stabile Nester bauen. Die drei Jungvögel haben das Nest verlassen und unternehmen die ersten – allerdings noch erfolglosen – Flugversuche.

Vorwort

Bei den Begriffen „Wildnis" und „Urwald" denken die meisten Menschen an die Regenwälder Asiens und Südamerikas: dichtes Ast- und Blattgewirr in sattem Grün, Baumriesen, die widerhallen vom vielstimmigen Chor exotischer Tiere. Kaum einer erinnert sich der heimischen „Urwälder", die sich nicht weniger wild vor unserer Haustür zeigen. Der vorliegende Bildband ist diesem einzigartigen prachtvollen Lebensraum gewidmet.

Auwälder begleiteten einst alle Flüsse und größeren Bäche Mitteleuropas, bevor der Mensch das Tiefland für sich allein beanspruchte. Sie entstanden überall in den Tälern und Ebenen, wo ein Fluss regelmäßig das umgebende Land überschwemmte. Das Wasser beeinflusste das Land doppelt: Zum einen dringt das Grundwasser bis in weit vom Fluss gelegene Landschaften, zum anderen bedeckt das Oberflächenwasser bei Überflutungen große Gebiete des Waldes. Leichte Hochwässer verursachen nur geringe Zerstörungen, starke Überschwemmungen hingegen können als wahre Naturkatastrophen ganze Landstriche verändern. Diese Veränderungen gehören aber zur natürlichen Dynamik der Au. Durch sie entstehen neue Flächen, die rasch von Pionierarten besiedelt werden, neue Lebensräume und Kleinstlebensräume, in denen ökologische Abfolgeprozesse – sogenannte Sukzessionen – ungestört ablaufen können. Dies alles sichert die hohe Artenvielfalt des Auwaldes und macht seinen unverwechselbaren Charakter aus.

Neben direkter Zerstörung durch Roden der Wälder trugen vor allem die Bemühungen des Menschen, durch den Bau von Dämmen umgebendes Kulturland zu schützen, zur Vernichtung des Auwaldes bei. Einige Jahre nach dem Dammbau ging es dem Wald möglicherweise noch gut, doch früher oder später begann er dahinzusiechen.

> *Wie es vor alten Zeiten, da die Menschen an der Erde lagen, eine Wohltat war, ihnen auf den Himmel zu deuten und sie aufs Geistige aufmerksam zu machen, so ist's jetzt eine größere, sie nach der Erde zurückzuführen.*
> *Johann Wolfgang von Goethe*

Die Vitalität, die sonst Auwälder kennzeichnet, war verschwunden. Der Mensch hat nicht rechtzeitig erkannt, dass der Auwald das Hochwasser zum Überleben braucht. Die häufig zerstörerische Flut bringt Nährstoffe in die Au und verhindert gleichzeitig, dass standortfremde Pflanzenarten die Oberhand gewinnen.

Umgekehrt braucht auch der Fluss den Auwald. Er muss mit dem umgebenden Land verzahnt sein und kommunizieren, sonst wird er zu einem Kanal, zu einem funktionellen Gerinne, das nur noch dem Wassertransport dient. Fische pflanzen sich in versteckten, nahrungsreichen Buchten, Seitenarmen, Zuflüssen und Altwässern fort. Viele Bewohner des Flusses, wie Wasserinsekten oder Muscheln, sind auf Detritus angewiesen, abgestorbene organische Substanz, die vom Land eingetragen wird. Wenn diese Nahrungsquelle fehlt, wirkt sich das häufig auf die gesamte Kleinfauna, die Fische und in weiterer Folge auch auf die Fressfeinde der Fische wie Fischotter, Reiher, Kormorane oder Eisvögel negativ aus.

Nicht nur Auwälder, auch andere Lebensräume werden durch die Nutzung des Menschen beeinträchtigt oder gar zerstört. Der wesentliche Unterschied ist aber in der Seltenheit der Auen begründet. Es gibt sie noch mitten in Europa, irgendwo zwischen eintönigen Agrarsteppen und Großstädten, zwischen kanalisierten Flussläufen und Autobahnen, zwischen Zubetoniertem und Asphaltiertem – diese Auwälder, die letzten Dschungel Europas. Allerdings nur noch in viel zu kleinen, kläglichen Überresten einst ausgedehnter, prächtiger Lebensräume. Diese Auwaldreste sind die letzten ihrer Art, jeder einzelne unter ihnen ist einmalig und unwiederbringlich. Man kann kein einziges Stück davon vernichten, ohne einen einst über große Teile Europas weit verbreiteten und charakteristischen Lebensraumtyp mit all den geschützten Pflanzen- und Tierarten zu gefährden. Die noch bestehenden Auwälder sind daher unbedingt schützenswert. Um den Wunsch nach einem solchen Schutz weiter zu wecken, wollen wir den Lebensraum Auwald in seiner Vielfalt vorstellen.

Wir lassen die Au in diesem Buch vor allem für sich sprechen. Sie präsentiert ihre Schönheit durch Bilder, die keiner langen Erklärungen bedürfen, in einer Sprache, die jeder verstehen kann. Für ein wissenschaftliches Studium der Auwaldökologie ist dieses Buch nicht gedacht, dafür gibt es ausreichend Fachliteratur. Die Großartigkeit der Natur und die Vielfalt des Lebens sollen hier ihre Botschaft verkünden, denn das sind die besten Mittel gegen Gleichgültigkeit und unverantwortliches Handeln.

Salzburg, im August 2000
Robert Hofrichter und Kathrin Herzer-Schmidt

Nachfolgende Doppelseite: Melancholische Stimmung im herbstlichen Auwald. Der Altarm, das vergilbte Laub und die kahlen Äste sind in kalten Nebel gehüllt.

Inhalt

14	Vorwort
31	Plädoyer für die Auen
37	Der letzte „Dschungel" Europas
47	Der Fluss: Lebensader des Auwaldes
57	Zerstörung als Neuanfang
69	„Grüne Hölle" am Fluss
84	Am Anfang war der Baum
89	Weich- und Hartholzau
99	Bewohner der Au
121	Der Biber: ein alter und neuer Gast
127	Leben zwischen Land und Wasser
133	Strategien des Überlebens
145	Ein Blick in die Vergangenheit
151	Ein Blick in die Zukunft oder: Was können wir tun?
156	Literaturverzeichnis
156	Fotonachweis

– 31 –

– 37 –

– 89 –

– 99 –

Winter

Es ist Winter in der Au. Nur vereinzelt sind Vogelstimmen zu hören, das Pfeifen des Windes in den Baumkronen ist die einzige Geräuschkulisse. Die Gewässer sind vom Eis bedeckt; hie und da glitzern kleine Wasserflächen, auf denen sich Stockenten, Schwäne und Blässhühner tummeln. Der Schnee bildet Kappen auf den Samen der Waldrebe, Raureif zeichnet Muster auf die Ästchen. Zu lange dauert bereits der Winter; seine kalte Schönheit macht etwas trübsinnig. Kein Fisch springt aus dem Wasser, kein Grün lockert die graue Eintönigkeit auf. Die Stimmung ist düster, als ob Eiseskälte die ganze Welt umklammerte. Auch mit viel Phantasie kann man sich in so einem Augenblick keine andere, bunte und fröhliche Welt vorstellen. So leblos könnte die Au einmal werden ...

Winter in der Au.

Begegnung mit einem Wildschwein.
Schon einige Wochen später im März und April, werden die
Bachen ihre gestreiften Frischlinge durch die Au führen.

Frühlingserwachen in einem Erlenbruchwald: Blühendes Scharbockskraut (Ranunculus ficaria) bedeckt als einer der ersten Frühjahrsblüher bereits im März den feuchten Waldboden.

Frühjahr

Nur einige Wochen später, nach den letzten verspäteten Schneeschauern, erwacht der Auwald, ja er explodiert förmlich zu neuem Leben. Von Tag zu Tag erstrahlt die Vegetation zunehmend in verschiedensten Grüntönen. Vogelgezwitscher und das Summen der Bienen erfüllen den Wald. Die letzten Eis- und Schneeflecken sind weggeschmolzen, die bewegten Wasserflächen zeugen wieder vom Reichtum des Lebens. Viele Fischarten haben jetzt Laichzeit. Froschrufe ertönen, die Frühaufsteher unter ihnen haben am Ufer eines Altarms Stellung bezogen und genießen die wärmenden Strahlen der Frühlingssonne, während sich die ersten Schmetterlinge auf die Suche nach Blüten machen. Blüten schmücken den Wegrand, der Bärlauch sprießt in sattem Grün aus dem Boden, Wildschweine und ihre gestreiften Frischlinge durchstöbern den Wald. Ein neues Jahr voll pulsierenden Lebens bricht im Auwald an.

Die Flusslandschaft an der March nördlich von Preßburg profitierte als Grenzfluss zwischen Österreich und der ehemaligen Tschechoslowakei vom Eisernen Vorhang. Ende März erwacht die einstige Todeszone nach der Winterruhe zu neuem Leben.

Knabenkraut

Sumpfschwertlilien (Iris pseudacorus) wachsen nicht nur in seichten Augewässern oder an ihren Ufern, sondern auch an feuchten Stellen direkt im Wald.

Der Einfache Igelkolben (Sparganium emersum) bevorzugt schlammige Böden.

Die Bachnelkenwurz (Geum rivale) gedeiht an den Rändern kleiner Gewässer.

Der Gattungsname der Ackelei-Wiesenraute (Thalictrum aquilegifolium) bezieht sich auf die Rautenform der Teilblättchen. Die Blätter enthalten einen gelben Farbstoff, der in früheren Zeiten zum Färben verwendet wurde.

Die Berg-Flockenblume (Centaurea montana) ist auf Bergwiesen eine Zeigerpflanze für eine gute Wasserversorgung des Standortes. In Wäldern findet man sie vor allem an lichten Stellen.

Vorhergehende Doppelseite: Der große Reichtum an Lebensformen, den man in Auwäldern vorfindet, hängt mit dem reichhaltigen Wasserangebot und seiner eigenen strukturellen Vielfalt wie auch den der angrenzenden Lebensräume zusammen. Wenn an dichte Auwälder noch intakte, offenere Landschaftsformen angrenzen, wie hier an der March im Grenzbereich Österreichs mit der Slowakei, sind damit die Voraussetzungen für eine besondere Faunenvielfalt gegeben.

Plädoyer für die Auen

Liegt die Gefahr eines solchen Buches nicht vielleicht darin, dass Scharen von nach Unberührtheit durstenden Städtern ausziehen, um die Vegetation niederzutrampeln und die Tiere zu stören, um die Wildnis der Auwälder noch zu erleben, bevor sie endgültig von der Landkarte Europas verschwindet?

Nein, denn die größte Gefahr für Auwälder geht nicht vom Tourismus aus. Ein Hunger nach heiler Natur gehört zu den normalsten Sachen der Welt und ist vollkommen legitim. Der Auwald kann, was Besucher betrifft, sehr gut auf sich selbst aufpassen. Er hält seine Pforten verschlossen und ist für den durchschnittlich ausgerüsteten Gast kaum zu durchdringen. Beim Verlassen der Wege steht er plötzlich vor einer grünen Mauer, einem undurchdringlichen Dickicht aus Lianen, Büschen, Stauden und Sträuchern, vor mannshohen Kräutern, dichten Brennnesseln, Dornen und Stacheln. Nicht zu vergessen die Myriaden von Stechmücken, die sich blutgierig auf ihre Opfer stürzen. Das Ergebnis einer wissenschaftlichen Untersuchung, wonach auf einigen Quadratmetern Auentümpel Hunderttausende Mückenlarven gezählt wurden, spricht für sich. Dort, wo das Dickicht einer freien Fläche weicht, versinkt der Fuß in Schlamm und Morast. Nein, dieser grüne Dschungel kann sich gut wehren, solange sich die Menschen einigermaßen vernünftig verhalten. Solange nicht irgendwo unter dem Vorwand ökonomischer Zwänge sein Ende beschlossen wird. Gigantische Wasserbauprojekte, Flussregulierung, Absenken des Grundwasserspiegels, Trockenlegen, das sind die wirklichen Gefahren für die Au. Sie nehmen dem Auwald das, was ihn erschaffen hat und am Leben erhält: das Wasser.

Das Problem ruft nach verantwortungsvollem Handeln; Politik, Verwaltung und Wirtschaft sind gefordert. Wie könnte das Auslöschen der letzten natürlichen Aulandschaften vor den kommenden Generationen verantwortet werden? Welches Recht haben ausgerechnet wir, alle Ressourcen rund um uns bis zum vollständigen Verbrauch zu nützen, ohne Rücksicht auf die Folgen für die nach uns Kommenden? Bis in die heutige Zeit tauchen Überlegungen auf, gigantische Wasserkraftprojekte und andere Baumaßnahmen zu verwirklichen, häufig genau dort, wo die Relikte des europäischen Dschungels stehen.

Der Besucher hingegen wird in den meisten Fällen die Wege des Auwaldes gar nicht verlassen und kaum großen Schaden anrichten. Hinweistafeln informieren ihn über die nötige Sorgfalt im Umgang mit der Natur. Dass manche Auwälder bereits unter strengem Naturschutz stehen, weckt vorsichtigen Optimismus. Und die Errichtung von Schutzgebieten und Nationalparks in Auwäldern bringt durchaus auch wirtschaftliche Vorteile. Sie bedeutet eine Chance für die dauerhafte Entwicklung eines sanften, ökologisch verträglichen Fremdenverkehrs in der jeweiligen Region und bietet zugleich eine Garantie für die Erhaltung der Natur.

An zahlreichen Organismen lassen sich schleichende, unmerklich fortschreitende Umweltveränderungen ablesen, lange bevor sie sich auf den gesamten Lebensraum auswirken. Der Fachmann bezeichnet derartige Tiere und Pflanzen als Bioindikatoren. Der Storch beispielsweise, einst häufiger Bewohner der meisten Feuchtgebiete Europas, verschwindet sicherlich nicht aus unserer Landschaft, weil er von Naturliebhabern gestört wird. Globale, großräumige Veränderungen der Lebensräume sind dafür verantwortlich: das Trockenlegen von Feuchtwiesen und Tümpeln und der damit zusammenhängende Rückgang der Tierbestände, die ihm als Nahrung dienen, sowie eine ganze Reihe von ökologischen Konsequenzen, die der Mensch durch sein häufig unüberlegtes und unverantwortliches Handeln heraufbeschwört.

Schönheit der Natur und Schönheit der menschengeschaffenen kulturellen Umgebung sind offensichtlich beide nötig, um den Menschen geistig und seelisch gesund zu erhalten. Konrad Lorenz

Auch Frösche und Molche, besonders die empfindlicheren Arten, sind wichtige Bioindikatoren. „Amphibien waren schon hier, als die Dinosaurier entstanden sind, und sie überlebten das Zeitalter der Säugetiere. Sie sind hart im Nehmen. Wenn sie jetzt verschwinden, halte ich es für bedeutend", meinte David Wake, Direktor eines großen Zoologischen Museums in den USA und Experte auf diesem Gebiet. Die Amphibienbestände gehen tatsächlich vielerorts zurück. Weltweit sind in den letzten Jahren an die fünfzig Amphibienarten ausgestorben und auch so manche europäische Art ist stark bedroht. Das Froschkonzert wurde in vielen Gebieten leiser oder verstummte ganz. Die Au selbst, als höchst komplexer Lebensraum, wirkt in ihrer Gesamtheit ebenfalls als Bioindikator und spricht als solcher eine deutliche Sprache. Unpassende Eingriffe des Menschen tun ein Übriges. Die Sünden der Forstwirtschaft machen sich vielerorts bemerkbar: „Einfalt statt Vielfalt" in Form von Fichtenmonokulturen oder sonstiger Eintönigkeiten, die dem Lebensraum und seinen Bewohnern vollkommen fremd sind.

Der typische, naturbelassene Auwald kann es im Gegensatz zum Kulturwald in seiner Schönheit, nicht jedoch in seinem Artenreichtum durchaus mit dem tropischen Regenwald aufnehmen. Da so wenig von ihm erhalten geblieben ist, darf kein weiteres Stück mehr der Zerstörung preisgegeben werden. Seit ungefähr zehntausend Jahren

verändern die Bewohner Europas bereits das Antlitz des Kontinents, und das so gründlich, dass nur noch wenig Ursprünglichkeit übrig geblieben ist. Lange Zeit galten brachliegende Feuchtbiotope als unnütz und überflüssig, als der menschlichen Entwicklung hinderlich. Sie wurden konsequent zerstört und solches Vorgehen wurde vielfach noch als Fortschritt betrachtet. Erst gegen Ende unseres Jahrhunderts ist die Einsicht gewachsen, dass diese Ressourcen eine größere Bedeutung für das Gefüge der Natur haben als jemals angenommen. Natürliche Abläufe und Gesetzmäßigkeiten, die in Jahrmillionen entstanden und gewachsen sind und in deren Mitte wir uns entwickelt haben, kann der Mensch nicht ungestraft behindern. Sie schlagen zurück, wirken sich auf globale Abläufe des Naturhaushalts aus. Außerdem nehmen die Naturlandschaften mit ihrem Verschwinden ein großes Stück unserer Lebensqualität mit.

Der an die „Krone der Schöpfung" adressierte alttestamentliche Text „…seid fruchtbar und mehrt euch, bevölkert die Erde und unterwerft sie euch…" legt sicher eine andere Art Unterwerfung als die vom Menschen praktizierte nahe. In einem etwas zynisch anmutenden Witz heißt es dazu: Es treffen sich zwei Planeten. Der eine zum andern: „Wie geht es dir?" „Schlecht! Ich habe Homo sapiens." Der Begriff „Nachhaltigkeit" erlangte daher in den letzten Jahren eine

immer größere Bedeutung. Was die Menschen an der Schwelle zum dritten Jahrtausend am meisten benötigen, ist nicht die virtuelle, computerkreierte Wirklichkeit, wie sie zur Zeit so sehr propagiert wird. Sie wird uns kaum helfen, in dieser im Umbruch begriffenen Welt Entspannung, seelisches Gleichgewicht, Erholung und letztlich auch Gesundheit zu finden. Dazu benötigen wir das, was tief in unserem Inneren als „natürlich" empfunden wird, als der Erde und dem Leben zugehörig. Neben dem Hochgebirge vermögen in Mitteleuropa nur wenige andere Landschaften so sehr diese wilde Ursprünglichkeit zu vermitteln wie der Auwald. Er öffnet dem zivilisierten Menschen die Augen für längst vergessene Empfindungen, für Träume aus der Kindheit. Die naive Vorstellung von der Allmacht des Menschen, von seiner Fähigkeit, alles zu seinen Gunsten verändern zu können, von der absoluten Machbarkeit hat endgültig ausgedient. Ozonloch, Klimawandel, Verschmutzung der Weltmeere oder Artensterben sind nur einige der zahlreichen Schlagwörter, die aufzeigen, dass unser Wissen und unsere Macht keinesfalls ausreichen, um gegen globale Abläufe der Natur anzukämpfen. Die Gegnerschaft zur Natur kann sich nur zum Nachteil des Menschen auswirken. Das Leben auf dieser Erde geht irgendwie weiter, sucht seinen Weg, auch wenn der Mensch durch Ignoranz seine eigenen Lebensgrundlagen zerstört.

Was für ein Leben soll es aber ohne heile Natur werden?

Im Fall der Auwälder gibt es kein Pardon für kleinere und größere Ausrutscher, keinen Platz und keine Zeit für Fehlplanungen oder falsche Entscheidungen. Auwälder sind Refugien der Vielfalt in einer vollständig vom Menschen umgeformten Landschaft, Rückzugsgebiete zahlreicher Tier- und Pflanzenarten. Der Auwald ist wie eine Niere des Flusses und der gesamten Landschaft. Er trägt zu deren Reinigung und Gesundung bei. Ohne diese „Niere" haben der Fluss und seine Bewohner keine Chance, das ökologische Gleichgewicht und die Vielfalt des Lebens zu erhalten. Menge und Qualität des Grundwassers werden hier für große, weit vom Fluss entfernte Gebiete festgelegt. Einen Auwald kann man nicht pflanzen, seine Bewohner umsiedeln, er ist durch Jahrtausende gewachsen, ist durch unzählige Abläufe und Zusammenhänge zu einer Einheit verschmolzen. Diese Einsicht hat auch Konrad Lorenz vertreten, als er Mitte der achtziger Jahre mit tausenden Demonstranten auf die Barrikaden ging, um den Auwald bei Hainburg, östlich von Wien, vor dem Roden zu bewahren. Am Ort der damals wichtigsten Staatsaffäre befindet sich heute ein international anerkannter Nationalpark. Und Politikern und Wirtschaftsmanagern fällt es nicht mehr ganz so leicht, warnende Stimmen einfach als „grüne Ideologie" oder „Zurück-zur-Natur-Sprüche" abzutun.

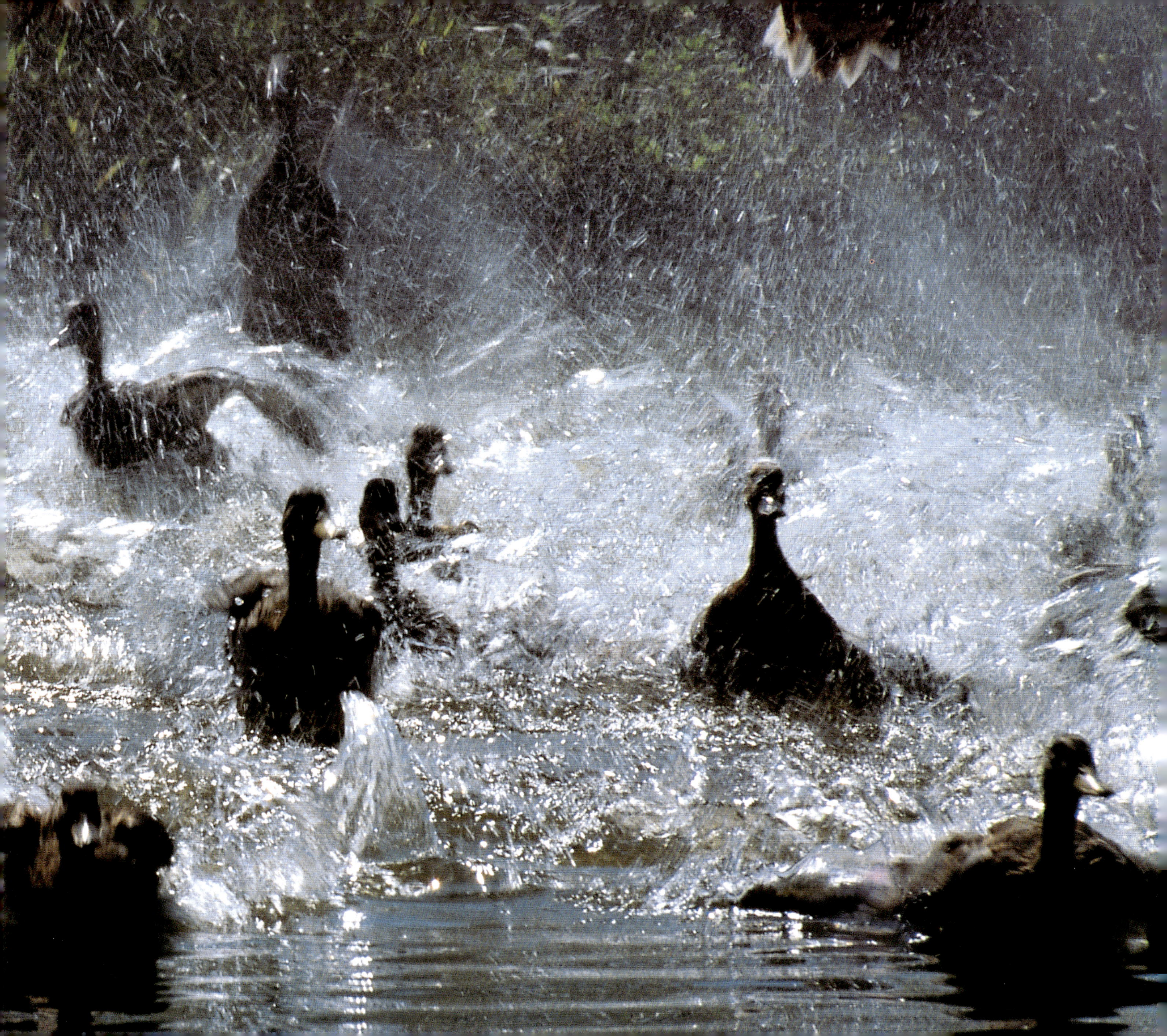

Erst die Mittel- und Unterläufe von Flüssen in den Ebenen sind die eigentliche „Heimat" der Auwälder mit (ursprünglich) gewässernahen Weichholzauen und weiter entfernten Harten Auen. Der Flussverlauf ist dynamisch und immer stärker mäandrierend. Das langsam fließende Wasser lagert nährstoffreiche Sedimente ab.

Der letzte „Dschungel" Europas

Gemächlich fließt das Wasser des Flusses durch die von Morgendunst bedeckte Landschaft. Ein schwerbeladener Lastkahn schiebt sich Meter für Meter mühsam gegen den Strom, einem Wasserweg und Kontinuum, das Länder, Völker und Kulturen verbindet, ja große Teile eines ganzen Kontinents vernetzen kann. „Die Flüsse sind Wege, die wandern und die uns dahin bringen, wohin wir wollen", schrieb Blaise Pascal. Dieses Kontinuum ist aber mehr als nur ein Wasserweg. Es prägt ein Universum voller Natürlichkeit, Vielfalt und Schönheit und fließt durch einen der letzten Urwälder Europas.

Die dem Schiff folgenden Wellen zeichnen ein regelmäßiges Muster auf das Wasser und verlieren sich schließlich in den Turbulenzen des Stroms. Das frische Grün des Waldes leuchtet in den ersten Sonnenstrahlen. Ein Storch zieht geräuschlos seine Kreise durch die Lüfte. Es ist Frühjahr und der Nachwuchs muss versorgt werden. Er brütet hier seit Generationen auf uralten Eichen, von denen teilweise nur noch mit einigen Ästen dekorierte knorrige Stämme erhalten sind. Im Umkreis der Au ist nicht mehr viel Nahrung zu holen, die meisten Wiesen sind entwässert, häufig verarmt und eintönig. Von Jahr zu Jahr ist es für den Storch schwieriger geworden, seine Jungvögel aufzuziehen. Das schon erwähnte Wort „Bioindikator" findet hier sichtbare Bestätigung: Der Rückgang der Storchenpopulation zeigt, dass der Lebensraum gravierend verändert worden ist.

Ein anderer großer Vogel, der Graureiher, hat hoch in den Baumwipfeln seinen Horst errichtet und beobachtet den Anbruch des neuen Tages. Als geschickter Fischjäger ist er bei Fischereibehörden und Anglern in Ungnade gefallen. Stimmen, die Abschüsse fordern, werden laut. Ähnlich steht es mit dem Kormoran, der erst in den letzten Jahren wieder den „Wasserwald" bevölkert („Au, Aue" bedeutete im germanischen Wortschatz „Wasserwald"). Aber es sind nur die Veränderungen in der Landschaft, die es Reihern so leicht machen, übermäßig viele Fische zu fangen und sich immer weiter auszubreiten: An natürlichen Gewässern – mit reichlich strukturierten Ufern und einer Flusssohle mit tieferen Stellen und dichtem Wurzelwerk – finden Fische genug Unterschlupfmöglichkeiten, wo sie vor den Schnabelhieben eines Reihers sicher sind.

Unweit des Hauptstroms schlängelt sich ein Altarm durch den dichten Wald. Seine glatte Oberfläche spiegelt die verschiedenen Grüntöne des Waldes wider. Allmählich durchdringen die Sonnenstrahlen das Kronendach der Au. Die Uferbereiche sind von Wasserlinsen und den Blättern der Teich- und Seerosen bedeckt, hier und da strahlt dem Besucher das kräftige Gelb einer blühenden Schwertlilie entgegen. Ein Haubentaucher zieht vorbei auf der Suche nach Baumaterial für sein schwimmendes Nest, das eher einem etwas unordentlich gebauten Floß gleicht. Überall unter der Wasseroberfläche regt sich neu erwachtes Leben. Von einfachen Fadenalgen über Krebschen und Insektenlarven bis zu den Fischen strebt alles danach, eine neue Generation hervorzubringen; Vermehrung und Fortpflanzung sind das Ziel. Aus dem Schlammboden streben unzählige Kleinsttiere dem Licht entgegen, kriechen umher und bemühen sich, ihre biologische Pflicht zu erfüllen. Das Ergebnis der emsigen Vermehrung hält ein ganzes Ökosystem am Leben, bis im nächsten Frühjahr wieder ein neuer Zyklus beginnt. Bald schon werden hier unzählige Libellen – ihre räuberischen Larven tummeln sich noch im Wasser – ihre „Lufträume" gegen eindringende Artgenossen verteidigen. Dieser Lebensraum voller kleiner und großer, heller und dunkler Nischen zeigt Vielfalt und Reichtum.

Drei Welten, jene von Luft, Land und Wasser, treffen aufeinander und stehen in ständiger Wechselwirkung. Mit Ausnahme der Fische

Woraus die Dinge ihr Entstehen haben, dorthin findet auch ihr Vergehen statt, wie es in der Ordnung ist …
Anaximander von Milet

sind die Vertreter der meisten Tiergruppen in der Au zumindest auf zwei Elemente, manchmal auch auf alle drei angewiesen: Luft und Wasser bei den Libellen und anderen Insekten; Land und Wasser bei den Amphibien, den Schlangen oder dem Biber. Manche Bewohner der Lüfte stürzen sich in die kalten Fluten – wie der Eisvogel –, tauchen geschickt – wie Kormorane – oder „fliegen" sogar wie die Wasseramsel unter Wasser.

Wie stark unterscheidet sich all das von der sachlichen Sprache eines Lexikons, in dem es unter dem Stichwort „Aue" heißt:

„Aue, Aueboden, Boden der Flusstäler und Niederungen, aus Flussablagerungen sehr unterschiedlicher Korngrößenzusammensetzung (Sand bis Ton), mit oder ohne Kalkgehalt, stark schwankendem Grundwasserspiegel und ein- bis mehrmaliger Überflutung jährlich; oft wertvolle Weideböden."

Eine zwar korrekte, aber trockene Sichtweise ohne Leben und Faszination. Eben die Sprache eines Nachschlagwerkes. Kann man sich aus den zitierten Zeilen auch nur ein einziges der eingangs beschriebenen Naturerlebnisse vergegenwärtigen? Wesentlich erschreckender ist aber die Sichtweise der Technokraten des 19. Jahrhunderts, die noch an die Machbarkeit, an die Allmacht technischer Lösungen glaubten, die felsenfest davon überzeugt waren, dass ihre Denk- und Handlungsweise einen Segen für die Menschheit bedeutet. Max Honsel schrieb 1885, sozusagen nach getaner Arbeit der „Rheinkorrektion" und nicht ohne Stolz über den Fluss als Artefakt, folgende Sätze:

Samtfußrüblinge (Flammulina velutipes) wachsen meist an moderndem Laubholz. Als einer der wenigen guten Speisepilze können sie auch im Winter gesammelt werden. Das ist unerfahrenen Pilzfreunden aber nicht zu empfehlen: diese Art könnte mit dem tödlich giftigen Gifthäubling (Galerina marginata) verwechselt werden.

„Der Rhein, wie Sie ihn heute sehen werden, könnte als Artefakt bezeichnet werden; der Ingenieur hat ihm seinen Lauf angewiesen, und durch künstlich verteidigte Ufer wird er in seinem Bett festgehalten. In der ganzen 270 km langen Strecke vom Austritt aus der Schweiz bis unter die Neckarmündung ist der Strom in ein geschlossenes Bett von gestreckter Richtung eingeleitet; die abgeschnittenen Arme und Krümmen, die jetzt das Hochflutgebiet des Rheines bilden, sind verlandet oder in Verlandung begriffen; große Flächen fruchtbaren Bodens sind dadurch gewonnen, die Stromniederung entsumpft, das Eigentum der Anwohner, ihre Wohnstätten sind gegen die zerstörenden Angriffe des verwilderten Stromes geschützt, und die erschlaffenden Fieberkrankheiten, ehedem eine wahre Geißel der Rheingemeinden, sind verschwunden."

Einiges davon klingt natürlich vernünftig. Kein Mensch wünscht sich zerstörende Angriffe des verwilderten Stromes oder Fieberkrankheiten als Geißel. Allerdings, gute hundert Jahre nach Max Honsel – und trotz aller Baumaßnahmen – greift der verwilderte Strom immer wieder an. Er kann ja gar nicht anders, denn „der Ingenieur hat ihm seinen Lauf angewiesen", nämlich einen Lauf durch „künstlich verteidigte Ufer". Die Folge: Jahrhunderthochwässer treten vielerorts öfter als einmal in hundert Jahren auf. Das Wort „entsumpft" wird als Sieg präsentiert; in die einfache Sprache der Natur übersetzt, bedeutet es aber die Vernichtung unzähliger Pflanzen- und Tierarten. Wo kein Sumpf, dort kein Frosch, keine Libelle, kein Storch… Ist die

In manchen Augebieten, wie den Marchauen, gibt es noch größere Brutkolonien des Weißstorches (Ciconia ciconia). Die Elternvögel begrüßen sich mit zurückgelegtem Kopf und weithin hörbarem Schnabelklappern.

Die für die Natur und ihre hohe Artenvielfalt so wertvollen Feuchtgebiete sind für die Landwirtschaft meist wertlos – das ist auch das grundsätzliche Problem des Auwaldes. Irgendwo, oft weit vom Wald entfernt, wird sein Ende beschlossen. „Die Natur stirbt am grünen Tisch." (Gerhard Uhlenbruck)

„gestreckte Richtung" eines Flusses wirklich ein Sieg und wenn ja, für wen? Die „großen Flächen fruchtbaren Bodens" sind ja gerade deswegen so fruchtbar, weil der Fluss über Zeitalter bei Überflutungen seine nährstoffreiche Fracht ablagern konnte – das verschweigt Max Honsel. Und wohin fließt die wertvolle Fracht heute? Was geschieht mit dem Land viele Kilometer vom Fluss entfernt, das jetzt von seiner Lebensader abgeschnitten ist, was passiert mit dem Grundwasser? Alles nur romantische Träumereien? Sicherlich nicht, wie wir meinen. Die „ideale" Welt eines heilen Auwaldes ist doch real, sie ist die „wirkliche" Welt, wie sie über erdgeschichtliche Zeitspannen existiert, funktioniert und überlebt hat. Sie beruht auf Abläufen und Zyklen, die es lange vor der menschlichen Zivilisation gab, ja lange bevor es Menschen und Ingenieure mit der Idee von „Entsumpfungen" und „gestreckten Richtungen" gegeben hat. Sie ist in all den komplizierten Zusammenhängen, in all dem Reichtum ihrer Lebenswelt, in all den verwirrenden Beziehungen zwischen ihren Teilen kaum erfassbar und daher mit einigen Sätzen höchst unzureichend zu beschreiben. Das Problem ist: Der Auwald liegt zwar in seinen kläglichen Resten noch vor uns, viele Menschen verstehen aber seine Sprache nicht mehr. Und sie wissen nicht, wie viel er für uns bedeutet. Oder haben sie diese Sprache nie verstanden?

Auf der nahe dem Fluss gelegenen Bundesstraße herrscht dichter Morgenverkehr. Vielfältige Geräusche und Vogelstimmen dringen aus dem angrenzenden Auwald, können aber von den Vorbeifahrenden nicht wahrgenommen werden. Die meisten Pendler haben es eilig, rechtzeitig zur Arbeit zu kommen. Die Welt ist schnelllebig geworden. Nur wenige finden einen Augenblick Zeit, auf die andere Flussseite zu blicken, zur Au. Man kennt die Gegend, man ist schon unzählige Male durchgefahren. Kaum einer wird sich der Bedeutung des schmalen Waldstreifens neben dem Fluss bewusst, kaum einer kennt die Zusammenhänge, die seine Existenz ermöglichen. Kaum einer unterscheidet den forstwirtschaftlich genutzten, angepflanzten und monotonen Pappelwald, der hier aus dem Boden schießt, vom natürlich gewachsenen, reichlich gegliederten Auwald und merkt, dass hier zwei unterschiedliche Welten aufeinander treffen. Wie Soldaten stehen die Bäume da, in regelmäßigen Abständen und Linien in den Boden gesetzt, als ob Geometrie das ausschlaggebende Kriterium der Landschaftsplanung wäre. Bäume sind Bäume, Wald ist Wald, oder doch nicht?

Die fortschreitende Technisierung des Wasserbaus brachte im Laufe der Zeit immer gewaltigere Eingriffe in die Struktur des Flusses und des angrenzenden Waldes mit sich. Vermeintliche Verbesserungen und Schutzmaßnahmen gegen Hochwasser haben sich allzu häufig als Irrtümer herausgestellt: Die Au selbst war einst der natürliche Hochwasserschutz. Sie konnte enorme Mengen Wasser aufnehmen und speichern, die Wassermassen in Gebiete leiten, wo sie den Menschen kaum schadeten, vielmehr ein ganzes Universum am Leben erhielten. Eine positive Überschwemmung also. Seiner natürlichen Speicherräume beraubt, muss das Wasser des Flusses heute kanalisierte

Hirsche (Cervus elaphus) leben mit Ausnahme großer Männchen meist in Rudeln. Ihre Einstände (Ruheplätze) sind im Auwald oft in dichten Schilfbeständen.

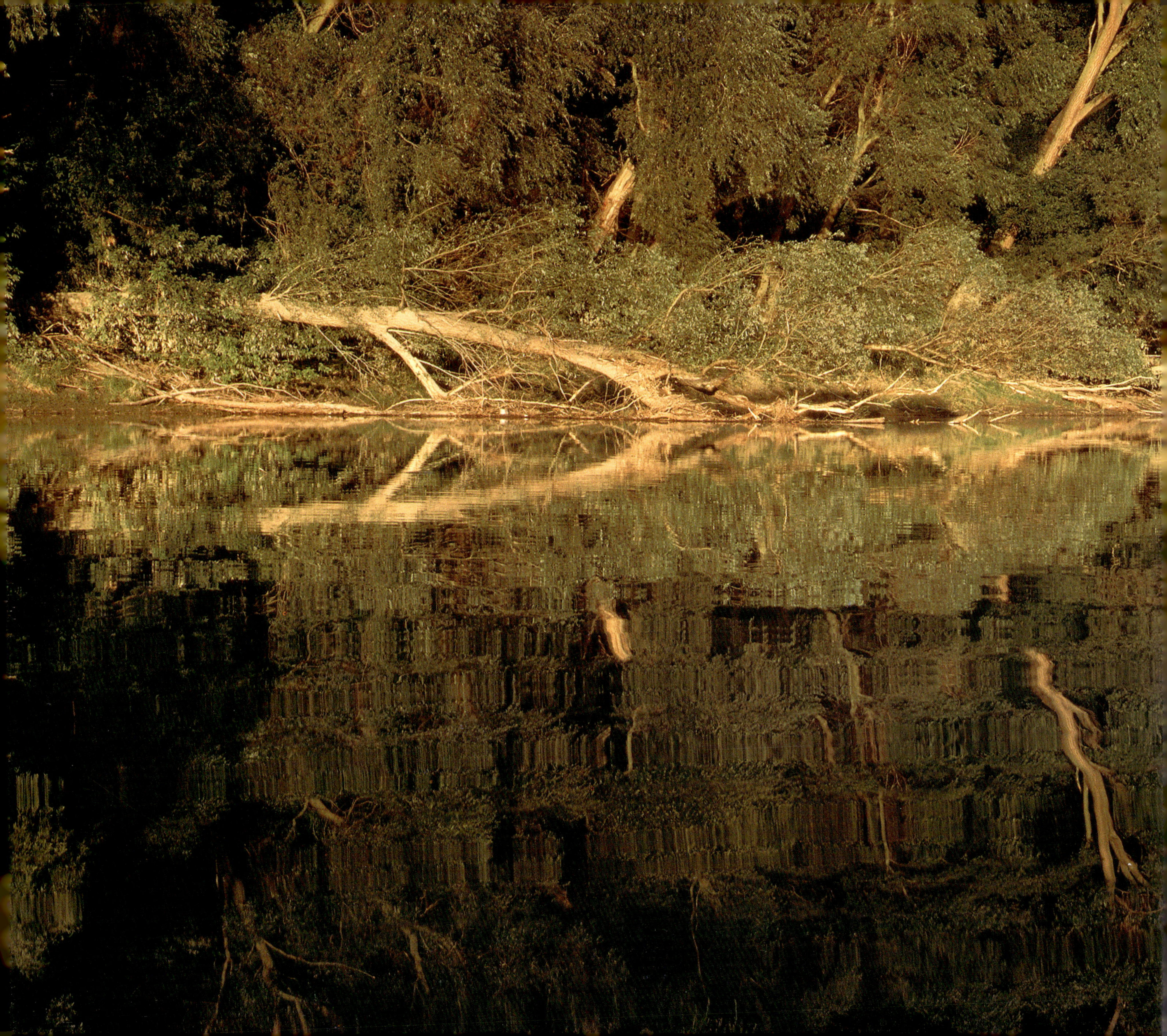

Transportwege hinunterschießen und bedroht die jeweils weiter unten Wohnenden. Durch Baumaßnahmen hat sich die Hochwassersituation häufig nicht verbessert, eher verschlechtert. Der Grund dafür ist einfach: Die Verzahnung von Fluss und Landschaft bringt im natur nahen Auwald eine Verteilung des Wassers im Boden und der Landschaft mit sich. Niederschlagwasser fließt heute jedoch durch übermäßiges Bebauen, Asphaltieren und Betonieren schneller in die Bäche und Flüsse, die Entwässerung landwirtschaftlicher Flächen bedingt ein schnelles Ableiten des Wassers, schwere Nutzfahrzeuge verdichten den Boden, so dass das Wasser nur unzureichend versickern kann. Das lebenserhaltende Wasser fließt zu schnell ab, bleibt der Landschaft ungenügend erhalten und kann so seine Funktion als Motor von Lebenszyklen nicht ausreichend erfüllen.

Die Schnelllebigkeit unserer Zeit hat damit auch das Wasser eingeholt: Es muss vor allem schnell sein, schnell unsere Landschaft verlassen, schnell durch zu Abflussrinnen umfunktionierte Flussbetten abfließen. In diesem Punkt handelt der Mensch eindeutig gegen die Natur: Ganze Ökosysteme, Lebensgemeinschaften, Nahrungsketten, Pflanzengesellschaften, viele Einzelorganismen und auch das Klima haben sich in geologischen Zeitaltern auf ein längeres Verweilen des Wassers in unserer Landschaft eingestellt.

Es ist ein Paradoxon, dass unser zum größten Teil mit Wasser bedeckter „blauer Planet" und mit ihm der Auwald unter Wassermangel leiden. Besonders in Zeiten von Überschwemmungen und Hochwässern ist es schwer zu glauben, aber nur zwei Prozent des Gesamtvorrats an Wasser sind trinkbar. Von diesen zwei Prozent sind wiederum 70 Prozent als Eis gebunden. Das, was übrig bleibt – einschließlich des Grundwassers –, wird durch chemische Verunreinigungen immer mehr beeinträchtigt und ist auf dieser Erde außerdem ungerecht verteilt: Während ein Durchschnittsamerikaner im Jahr rund eine Million Liter Trinkwasser verbraucht, kämpfen in der Dritten Welt Millionen Menschen um ihre tägliche Überlebensration.

Wasser spielt in der Tiefenpsychologie eine zwiespältige Rolle: auf der einen Seite belebt es und macht fruchtbar, auf der anderen kann es aber Vernichtung bedeuten. Diese Ambivalenz wohnt dem Wasser auch in der realen Welt inne. Sie ist im Auwald besonders stark zu spüren: das Hochwasser spielt die Rolle des Zerstörers, die Zerstörung bedeutet aber gleichzeitig Schöpfung neuer Lebensräume und Entfaltungsmöglichkeiten.

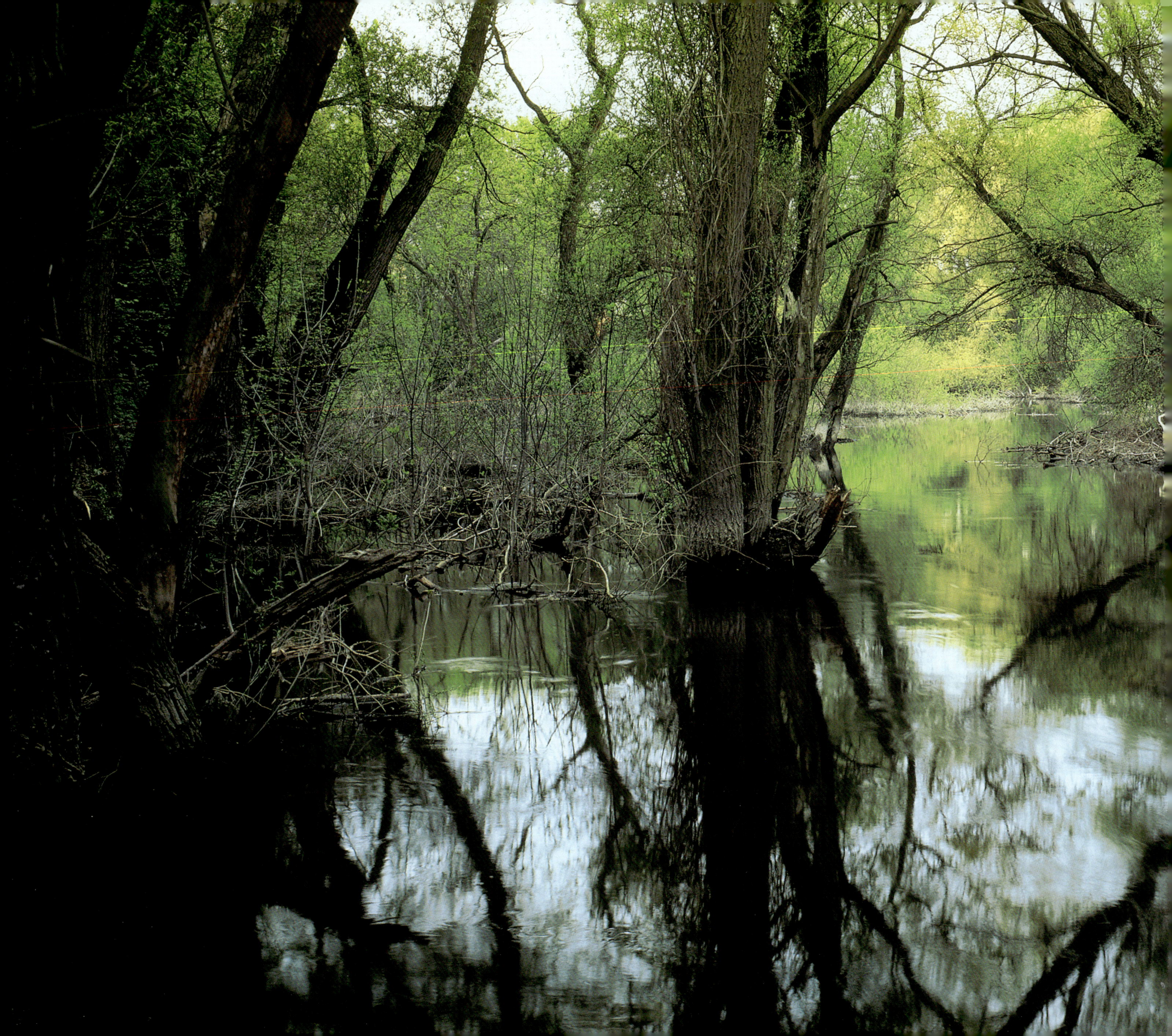

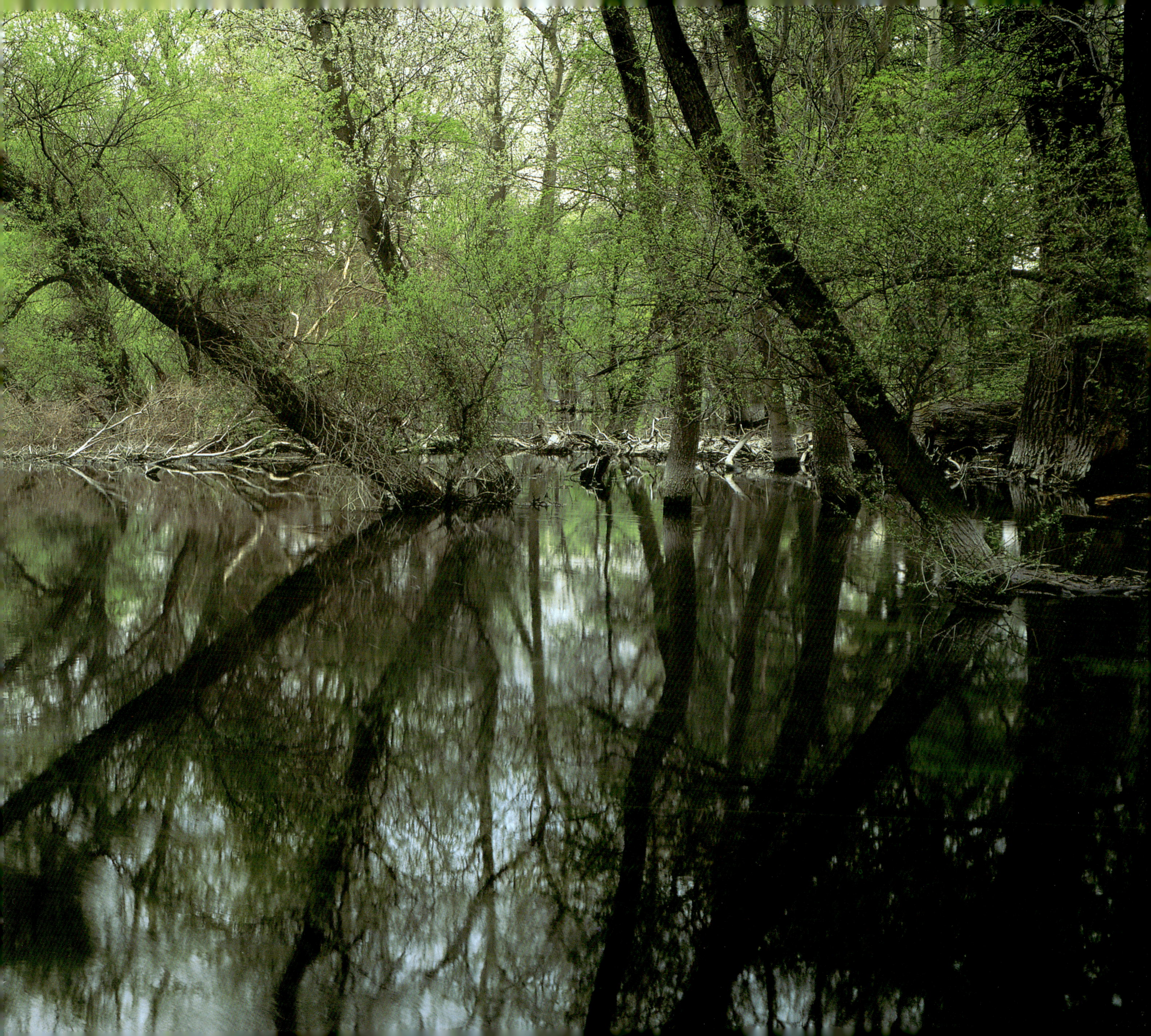

Vorhergehende Doppelseite:
Oft ist die Au wochenlang überschwemmt. Das Wasser bringt reichlich Nährstoffe und lässt so, wenn es wieder weicht, neues Leben schnell nachwachsen.

Die Donau zwischen Wien und Preßburg. Der ruhig dahinfließende Strom ist der Lebensspender des Auwaldes. Unter natürlichen Bedingungen führen Flüsse mehrmals jährlich Hochwasser.

Der Fluss: Lebensader des Auwaldes

Viele Künstler verstanden es, Bewunderung und Ehrfurcht vor Strom oder Fluss in Worte und Verse schlichter, unvergänglicher Schönheit zu kleiden. Oder sie komponierten Musik wie der Walzerkönig Johann Strauß, der an der „schönen blauen Donau" noch viel gesehen und erlebt hat, was heute nicht mehr da ist. Da wäre gleich einmal die Farbe … Der französische Schriftsteller Victor Hugo besang noch 1842 den Rhein als „klar und grün wie die Sonne". Hundertfünfzig Jahre später musste eine solche Beschreibung der noch in den siebziger Jahren „größten Industriekloake Europas" wie Spott und Hohn klingen.

In ihrer Schönheit kaum zu übertreffen ist die poetische Liebeserklärung an Flüsse und Wasser, wie sie Hermann Hesse 1922 seine Romanfigur „Siddharta" erleben lässt: „Zärtlich blickte er in das strömende Wasser, in das durchsichtige Grün, in die kristallenen Linien seiner geheimnisreichen Zeichnung. Lichte Perlen sah er aus der Tiefe steigen, stille Luftblasen auf dem Spiegel schwimmen, Himmelsbläue darin abgebildet. Mit tausend Augen blickte der Fluss ihn an, mit grünen, mit weißen, mit kristallnen, mit himmelblauen. Wie liebte er das Wasser, wie entzückte es ihn, wie war er ihm dankbar! Im Herzen hörte er die Stimme sprechen, die neu erwachte, und sie sagte ihm: Liebe dieses Wasser! Bleibe bei ihm! Lerne von ihm! O ja, er wollte von ihm lernen, er wollte ihm zuhören. Wer dieses Wasser und seine Geheimnisse verstünde, so schien ihm, der würde auch viel anderes verstehen, viele Geheimnisse, alle Geheimnisse." Und der oft zitierte Indianerhäuptling Seattle meinte: „Die Flüsse sind unsere Brüder, sie löschen unseren Durst."

Fließgewässer gehören zu den ältesten Lebensräumen der Erde; es gab sie wohl bereits lange vor der Entstehung des Lebens. Ihre Existenz ist untrennbar mit dem Kreislauf des Wassers in der Biosphäre verknüpft, der wiederum zu den ältesten Kreisläufen der Erde gehört.

Alle Flüsse fließen ins Meer, das Meer wird aber nicht voll. Zu dem Ort, wo die Flüsse entspringen, kehren sie zurück, um wieder zu entspringen.
Prediger 1,7, Altes Testament

Das heutige Bild der Erde wurde in ganz entscheidendem Maß durch fließendes Wasser geprägt. Gebirge wurden abgetragen, kilometertiefe Schluchten ins harte Gestein gefressen, Landschaften umgeformt. In einem einzigen Monat kann ein mittelgroßer Fluss über vier Millionen Tonnen Schwebstoffe abtransportieren. Bei den großen Strömen der Erde liegt diese Zahl noch wesentlich höher. In Äonen der Erdgeschichte schuf der Fluss die Grundlage für das Entstehen ausgedehnter Aulandschaften. Die uns heute bekannten Auen haben sich meist nach der letzten Eiszeit ausgebildet.

Fließgewässer sind wie Lebensadern einer Landschaft. Ihre Bedeutung kann man sich, über eine ausgebreitete Landkarte Europas gebeugt, bewusst vor Augen führen und einen Fluss von der Einmündung ins Meer bis zu seinen Quellen verfolgen. Er verbindet wie ein gewundenes Band weit auseinander liegende Lebensräume, er verzweigt sich, windet sich durch die Landschaft, um sich immer wieder in noch kleinere Gerinne aufzugliedern, die letztlich nahezu jeden Punkt auf der Landkarte erreichen. Dieses Kontinuum bedeutet seit Urzeiten ablaufende Vernetzung – Vernetzung zwischen Gebirge und Meer, zwischen Fluss, umgebender Landschaft und Grundwasser. Wasser dringt in Hohlräume ein, nimmt Stoffe mit, um sie hunderte Kilometer weiter wieder abzulagern. Fische besiedelten einst dieses Kontinuum ohne Grenzen und Hindernisse, sie wanderten stromabwärts oder stromaufwärts, um sich fortzupflanzen. Mal waren sie im Meer, mal hunderte Kilometer weiter im Herzen Europas zu finden und ernährten sowohl die Bewohner der Flusslandschaft als auch die der Meeresküsten. Unter ihnen fanden sich wahre Riesen wie der dem Stör verwandte Hausen, ein Fisch, der acht Meter Länge und anderthalb Tonnen Gewicht erreichte. Er stieg früher bis in die Mittelläufe mancher Flüsse Europas auf, in der

Donau beispielsweise bis nach Linz in Oberösterreich.

Der Wasserlauf und seine Umgebung bilden eine Einheit, die durch großräumige Vernetzungen zwischen Wasser- und Landlebensräumen und deren Lebensgemeinschaften geprägt ist. Die so entstandene Vielfalt, die im Auwald ihren Höhepunkt erreicht, übertrifft alle anderen Lebensräume Mitteleuropas. Über zwölftausend Tier- und Pflanzenarten wurden in Auen bereits gezählt – ein Großteil von ihnen ist allerdings nur unter dem Mikroskop zu sehen.

Weitab von der Au liegt der Geburtsort des Flusses, häufig in einem der Gebirge Europas. Im reißend strömenden Oberlauf gräbt sich das Wasser tief in den Boden ein, nimmt Feinsedimente, Kies und gröbere Steine mit. Viele Kilometer von seinem Quellgebiet entfernt, wo die Strömung Substanz nicht nur abträgt, sondern auch ablagert, können sich die ersten Auwälder bilden. Zuerst als schmale Ufersäume, als charakteristische, bachbegleitende Vegetationsstreifen, weiter stromabwärts als ausgedehnte und undurchdringliche Wälder. Der Fluss mit seinem sich im jahreszeitlichen Zyklus ständig ändernden Wasserstand schafft immer Neues und verändert seine Umgebung. Mäander, Altarme und kleine Tümpel bilden sich, alte Ufer werden abgetragen und neue wieder angespült. Der Fluss bleibt dabei die Ursache für den ständigen Wechsel, für die zerstörerischen und gleichzeitig Leben bringenden Überschwemmungen, für das Kommen und Gehen, das letztlich das Wesen der Au ausmacht.

Der Fluss ist Schöpfer und Bewahrer des Auwaldes. Dieser „Schöpfungsakt" ist jedoch kein plötzlicher. Er ist mit einer ökologischen Sukzession verknüpft, die seit erdgeschichtlichen Zeitaltern abläuft. Deswegen ist die Verzahnung zwischen Fluss und Au so eng und essenziell, dass bei einer Beeinträchtigung des Flusses und seines Wasserhaushalts auch der Auwald beeinträchtigt wird. „... Denn alles ist wie ein Ozean, alles fließt und grenzt aneinander; rührst du an ein Ende der Welt, so zuckt es am anderen", schrieb Fjodor Michailowitsch Dostojewski – und sah die Dinge damals schon, weit seiner Zeit voraus, ganzheitlich.

Die Au leidet beispielsweise vielerorts zunehmend unter menschenverursachter Wasserknappheit. Die vordringlichste Maßnahme zu ihrem Schutz muss daher die Sicherung der natürlichen Dynamik mit regelmäßigen Überschwemmungen sein, denn alle anderen Maßnahmen würden ohne diese nichts nützen. Ohne sein Lebenselixier hat der „Wasserwald" keine Chance.

Die Momentaufnahme eines Auwaldes – so statisch sie uns im Augenblick der Bewunderung vorkommen mag – ist nichts Endgültiges. Der Fluss greift ständig in die Gestaltung und Umgestaltung „seines" Waldes ein und sichert so dessen Fortbestand.

Im Bereich des Quelllaufs, dem obersten Abschnitt eines Fließgewässers, hat der Fluss meist einen steinigen Untergrund. Das klare, kalte und sauerstoffreiche Wasser fließt im Gegensatz zum Flussunterlauf sehr schnell.

Am Oberlauf der Flüsse und Bäche finden wir meist ein ganz anderes Landschaftsbild vor als nur wenige Kilometer weiter talwärts. Moosüberwachsene „überrieselte Felsen" beherbergen eine hochspezialisierte Kleintierwelt. Im Vergleich zum Auwald leben hier nur wenige Arten.

*Die roten Früchte des Gemeinen
Schneeballs (Viburnum opulus) setzen im
Winter farbliche Akzente.*

*Sobald genügend Wasser zusammenkommt, bildet sich
ein mächtiger, schnellfließender Bergbach. Strömung und
Turbulenz bestimmen das ökologische Grundgeschehen.*

Bereits am Oberlauf des Flusses im Gebirge können sich schmale „Auen" entwickeln. Sie sind hier aber klein und liefern nur einen Vorgeschmack jener Pracht, die weiter flussabwärts zu finden ist.

Die Stockente (Anas platyrhynchos) ist die bei weitem bekannteste und häufigste „Wildente" der heimischen Natur. Von kalten Gebirgsseen bis zu den verschiedenen stehenden und fließenden Gewässern der Auwälder ist sie in großer Anzahl anzutreffen.

In den Bächen der Gebirgswälder fließt das Wasser schnell. Die nahrhafte Lebensgrundlage für ihre Bewohner wird von außen eingebracht: Detritus, organisches Zerreibsel, das sich in verschiedenen Stadien der Zersetzung befindet, wird ständig in den Bach gespült. Ohne diesen Eintrag könnte es in den Ober- und Mittelläufen der Flüsse kaum reichliches Leben geben.

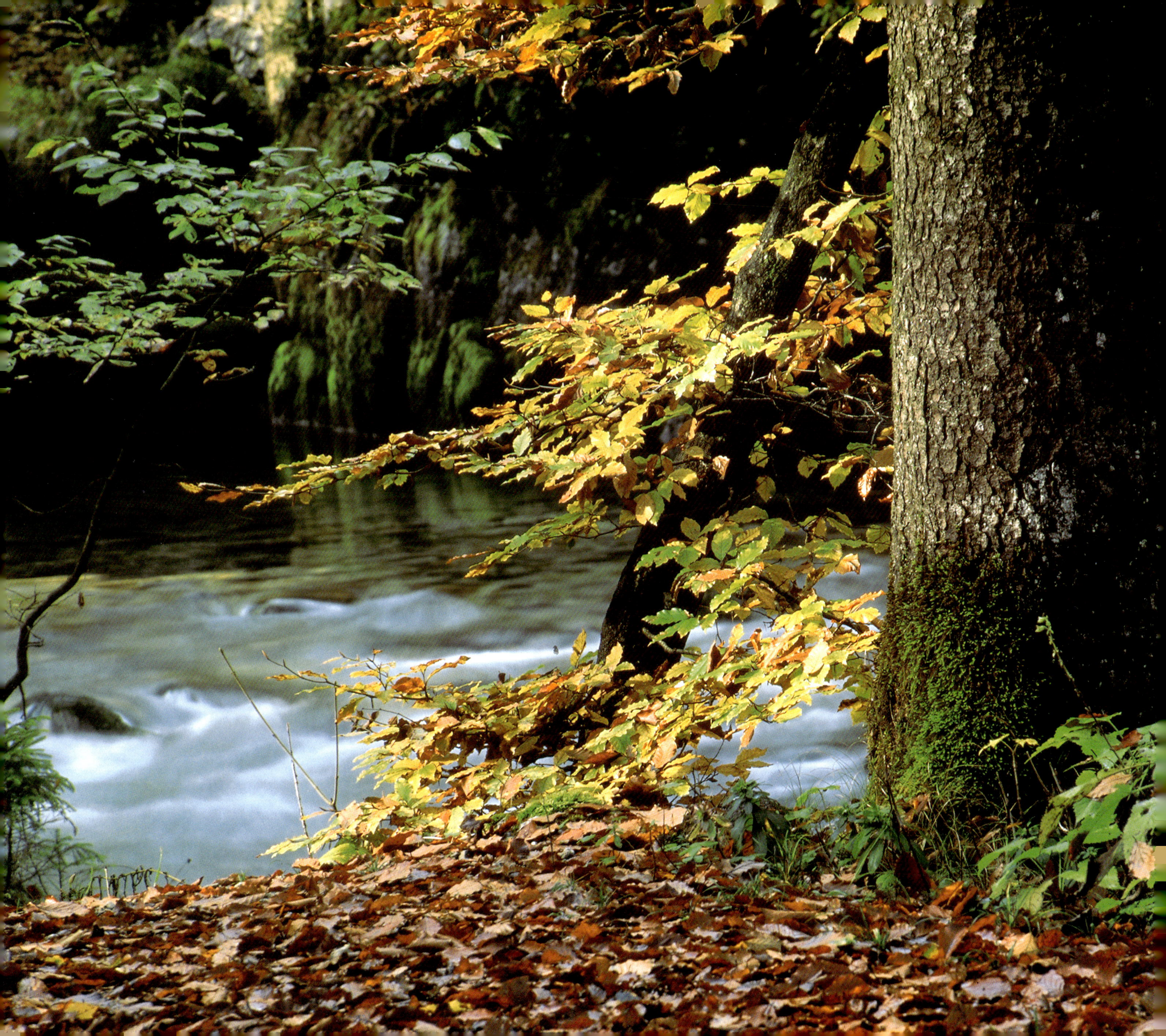

Ein Gebirgsbach führt Hochwasser: hier wird nach der Schneeschmelze und starken Regenfällen die Grundlage für die lebenspendende Überschwemmung weiter flussabwärts liegender Auwälder geschaffen.

Farben des Herbstes: Ahornblatt.

*Der Fluss wird im Gebirge aus
vielen kleinen Bächen geboren.*

Der naturbelassene Auwald ermöglicht die Entfaltung von Leben aller Naturreiche – Mikroorganismen, Pilze, Pflanzen und Tiere – in besonders vielfältiger Weise. Darüber hinaus schafft er Existenzgrundlagen für angrenzende, stärker vom Menschen beeinflusste Lebensräume und ist Rückzugsgebiet für ihre Bewohner.

Zerstörung als Neuanfang

„Hundert Tage Überschwemmung sind schlimmer als hundert Tage Trockenheit", sagt ein chinesisches Sprichwort. Über Menschen, die am Fluss ihre Behausungen bezogen haben, die ihn als Jagdgrund und Verbindungsweg zu anderen Menschen und Städten genutzt haben, hing stets das Damoklesschwert der zerstörerischen Hochwässer. Wenn im Frühsommer die Schneeschmelze in den Bergen einsetzte oder unaufhörlicher Regen aus den Wolken fiel, schwollen die Flüsse bis weit in die Täler mächtig an. Im Oberlauf wurden Geröllmassen mitgeschliffen, kaum ein Stein blieb auf dem anderen. Im Tal wurden Schotterbänke überschwemmt, Inseln abgetragen und neu angelegt. Das Wasser zerrte mit zerstörerischer Kraft an Ufern und Böschungen. Sein unbändiges Wesen schaffte sich Platz, das zu eng gewordene Flussbett sprengend. Flussschlingen, die dem ruhig fließenden Gewässer genügend Raum geboten hatten, wurden durchbrochen, Altarme überschwemmt, einst durchströmte Rinnen wiederum vom Hauptstrom abgeschnitten. Die Menschen in den Flussniederungen drohten den Wohlstand, den der Fluss gegeben hatte, wieder zu verlieren. Ihr Leben und ihre Existenz standen auf dem Spiel. Und oft genug – Hochwassermarken historischer Städte zeugen davon – standen Gebäude, auch wenn die Stadt sich weit über dem Flussbett erstreckte, metertief unter Wasser. Jahrhunderthochwässer rissen ganze Dörfer mit in die Flut, zerstörten alles Leben und all das, was auf dem fruchtbaren Boden aufgebaut worden war.

Was der Mensch seit jeher fürchtet, ist die Eigendynamik der Naturgesetze, die gestalterische Kraft der Elemente. Auch über die pflanzlichen und tierischen Bewohner der Au bringen die Wassermassen Tod und Zerstörung, doch gleichzeitig schaffen sie Raum für neues Leben, das sich den Naturgewalten mit frischer Kraft entgegenstellen kann. Die Evolution ist ein ewiges Kommen und Gehen, ein Werden und Zerfallen, dem sich kein Erdbewohner entziehen kann. Selten wird uns dieses Schauspiel in der heimischen Natur eindringlicher vor Augen geführt als in den Auwäldern.

Lange Tage noch, wenn der Schnee in den Bergen geschmolzen oder der Regen versiegt ist, bedeckt das Wasser nach wie vor die Au. Schwimmfähige Samen aus weit entfernten Gebieten treiben darin und werden nach der Überschwemmung irgendwo Fuß fassen. Da die Wassermassen leicht fließen, ist die Gefahr der Fäulnis gering und der lebensnotwendige Sauerstoff wird nicht so schnell knapp. Bäume entwickeln zusätzliche Wurzeln, um von ihm so viel wie möglich zu nutzen. Wildtiere wie Rehe und Hasen haben sich auf kleine Inseln gerettet und warten auf die Geburt neuen Landes. So manchem wurde das Hochwasser zum Verhängnis. Viele Tiere wurden verdriftet oder sind ertrunken, mancher Baum wurde mitgerissen und die niedere Krautschicht ist fast völlig verschwunden.

Nichts in der Welt ist weicher und schwächer als Wasser, und doch gibt es nichts, das wie Wasser Starres und Hartes bezwingt, unabänderlich strömt es nach seiner Art.
Lao-tse

Wenn das Wasser den Boden freigibt, kommen Schlamm, abgelagertes Sediment und Pflanzenreste zum Vorschein. Platz für neues Leben ist entstanden. Bäume, die während des Hochwassers ihr Wachstum eingebremst haben, setzen es jetzt umso rascher fort. Die Krautschicht erholt sich und bildet bald wieder einen dichten grünen Teppich. Auch die noch leeren Inseln und Sandbänke werden schnell von Pflanzen und Tieren besiedelt.

Auf Tod folgt alsbald neues Leben. Licht und Schatten liegen im Auwald eng beieinander: Im Hochwasser, das viele etablierte Bewohner in den Tod reißt, liegt die Chance für konkurrenzschwache, aber hochwasserresistente Arten. Für kurze Zeit gewinnen sie die Oberhand, ergreifen Besitz vom neu gewonnenen Land. Früh genug werden sie im ewigen Konkurrenzkampf der Natur wieder verdrängt und warten in der Tiefe des Bodens erneut auf ihre große Stunde. Die Samen oder Sporen mancher Pflanzen können Jahre zwischen Geschiebe und Sediment verharren, bis sich die Gelegenheit bietet auszukeimen. Einzellige Algen sind die ersten, die Licht und Nährstoffe nutzen. Armleuchteralgen folgen und bevölkern in großer Zahl die Gewässer. Selbst angeschwemmte Baumstämme beginnen stellenweise wieder auszutreiben. Verletzte Gehölze heilen ab und bringen neue Triebe und Wurzeln hervor. Inseln und Uferzonen werden durch das Wurzelwerk gefestigt, weiteres Material lagert sich an und neuer Siedlungsraum entsteht. Kleinere Hochwässer der folgenden Jahre gehen fast spurlos an der neuen Pflanzengeneration vorbei. Die jungen Silberweiden und Grauerlen entwickeln sich rasch zu Bäumen und für die darunter liegende Krautschicht beginnt wieder der Kampf um Licht und Lebensraum.

Die immerwährende Dynamik ist an natürlichen Fließgewässern überall spürbar, wirkt sich jedoch in verschiedenen Abschnitten unterschiedlich aus. Mit der Landschaft verändern sich vom Ober- zum Unterlauf auch die lebensbestimmenden Faktoren wie Wasserstand, Nährstoffangebot, Erosion und Sedimentation. Aber nicht nur der Standort am Flusslauf ist entscheidend, auch die Entfernung zum Wasser spielt eine wichtige Rolle. In der kritischen Zone der Überflutungsbereiche schaffen es nur wenige Arten zäher Pflanzen, wie Kräuter und auch Weiden, zu überleben. Je ausgeglichener und beständiger die Bedingungen mit zunehmender Entfernung vom Fluss werden, desto artenreicher werden die Pflanzengemeinschaften.

Das Ökosystem Auwald bildet in Hinblick auf die Zahl der Pflanzen- und Tierarten unseren reichsten Lebensraum. Woher kommt dieser Reichtum, diese hohe Produktivität der Auwälder? Zum einen steht der Au ein hohes Nährstoffangebot zur Verfügung, doch das wäre nur eine unvollständige Antwort. So paradox es klingt: ein Überangebot an Nährstoffen bedeutet nicht automatisch eine hohe Artenvielfalt, häufig ist das Gegenteil der Fall. Was ein hohes Nährstoffangebot in Form von übermäßiger Düngung auf unseren Kulturflächen bewirkt, ist unschwer zu erkennen. Die Artenvielfalt der Pflanzen geht zurück und mit ihr verschwinden auch ganze Gemeinschaften von Insekten wie Käfer, Schmetterlinge und Heuschrecken. Flora und Fauna verarmen. Nur wenige robuste Arten, die das hohe Nährstoffangebot verkraften, bleiben zurück und vermehren sich explosionsartig. Das Überangebot an Nährstoffen allein erklärt somit noch nicht die Vielfalt des „Wasserwaldes". Bei ihm spielt vor allem die periodische Zerstörung eine große Rolle – für den Auwald gibt es nichts Fruchtbareres als ein Hochwasser. Die Flut bringt nicht nur Nährstoffe, sie verwüstet auch. Jede zerstörte Fläche ist aber ökologisch in höchstem Maße wertvoll. Immer wieder bekommen Pionierarten die Gelegenheit, sie zu besiedeln. Nach und nach entstehen unzählige und für uns kaum wahrnehmbare Kleinstlebensräume, die jeweils von besonderen Tier- und Pflanzengemeinschaften bewohnt werden. Geringste Unterschiede im Wasserangebot, in der Beschaffenheit des Bodens, in der Strömung und der Sonneneinstrahlung schaffen in verschiedenen Kombinationen unzählige ökologische Nischen. Im ständigen Wandel haben immer einige Arten die Ober-

Weiden wie auch andere Bäume der an den Fluss angrenzenden Weichen Aue können lange Überflutungen ertragen. Die Natur selbst sorgt dafür, dass sich hier lebensraumfremde Arten nicht ansiedeln können und der unvergleichliche Charakter des Lebensraumes so erhalten bleibt.

hand, die den Lebensraum so verändern, dass sich nach ihnen wiederum andere ansiedeln können. Für uns sichtbar sind zumindest die großräumigen Veränderungen. Dort, wo vor einigen Monaten das Hochwasser tobte, stehen ruhige Tümpel mit eingeschlossenen Fischen und Amphibienlaich. Dort, wo ein seit Jahren abgetrennter, mit Teichrosen bedeckter Altarm ist, kann beim nächsten Hochwasser ein reißender Fluss entstehen.

Wenn das Wasser in der Au wieder in geordneten, wenn auch verschobenen Bahnen verläuft, beginnt sofort der Aufbau, eine immerwährende Entwicklung, die erst von der periodisch wiederkehrenden Überschwemmung gestoppt wird. Fallweise lässt die Zeit dazwischen Stieleichen, Feldulmen und Eschen zu mächtigen Urwaldbäumen werden.

Die Natur geht oft andere Wege, als wir es in unserer Ordnungsliebe so gerne hätten. Ihre Ordnung beruht manchmal auf scheinbarem Chaos oder gar Zerstörung – anders ausgedrückt: auf Dynamik. Der Wunsch des Menschen, Ordnung zu schaffen, indem er Fließgewässer in zubetonierte Kanäle zwingt, widerspricht diesem Naturprinzip. Unser Kampf gegen die „Unordnung" geht offensichtlich in die falsche Richtung und kann dadurch – für Fluss, Landschaft und Mensch – nur negative Folgen haben.

Zu spät hat der Mensch den Wert der scheinbar nutzlosen, wilden Aulandschaft erkannt.

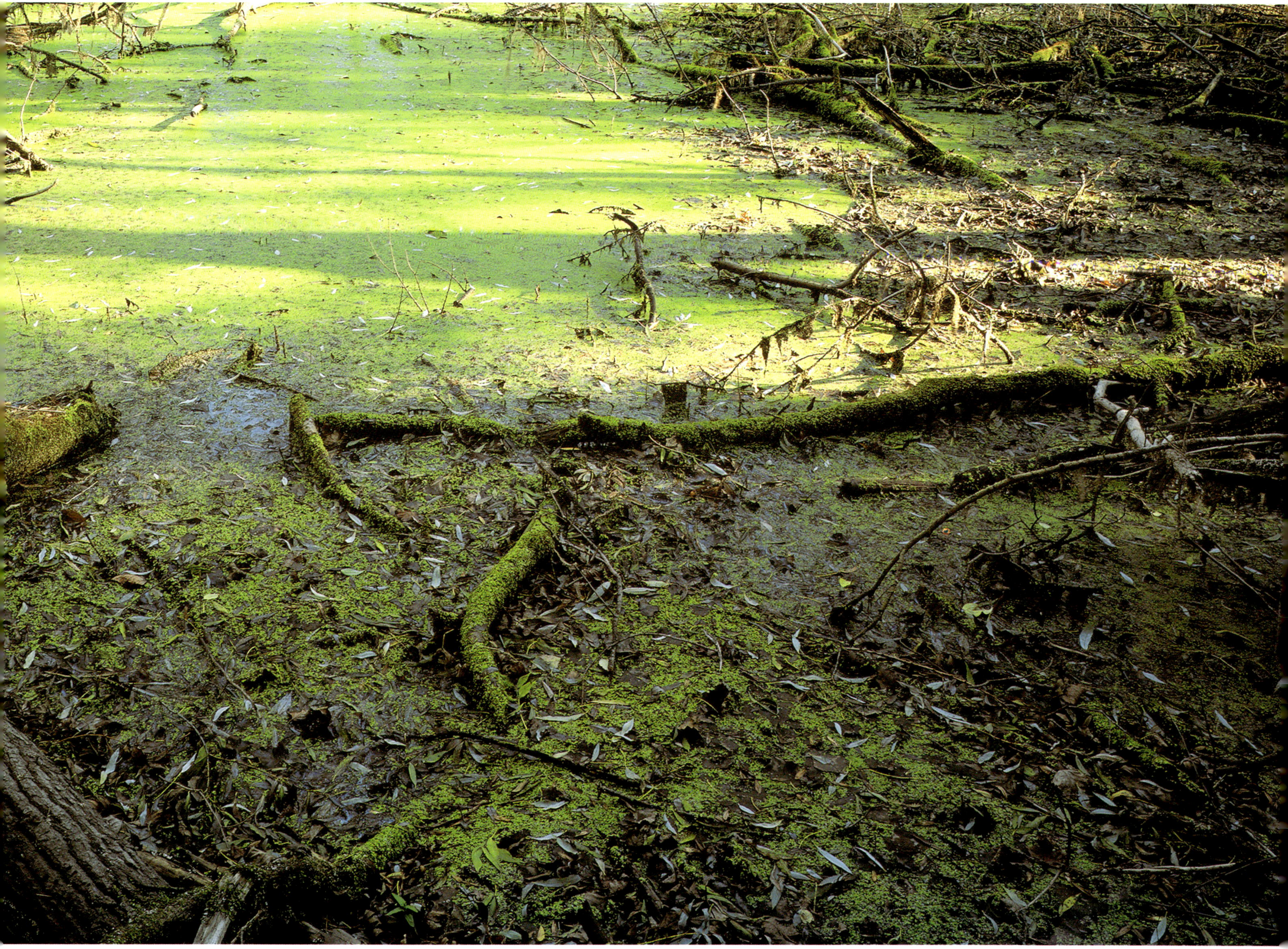

Wo der Mensch unpassend eingreift, geht der Auwald zugrunde. Es gibt kein Überschwemmen des Waldes mehr, der Grundwasserspiegel sinkt ab, lebensraumfremde Pflanzen siedeln sich an oder werden angepflanzt. Am Ende dieser Entwicklung steht ein Wirtschaftswald, der dem Eigentümer womöglich etwas mehr Profit bringt, in seiner biologischen Vielfalt aber auf einen Bruchteil des ursprünglichen Reichtums geschrumpft ist.

Mit Ausnahme der begehrten Morcheln wachsen in Auwäldern nur wenige bekannte Speisepilze. Der gelbe Schwefelporling (Laetiporus sulphureus) – dessen junge Fruchtkörper gegessen werden können – ist ein Schmarotzer: er befällt noch lebendes Holz. Andere Baumpilze sind sogenannte Moderpilze. Zusammen mit den allgegenwärtigen Bakterien und anderen Mikro- und Kleinorganismen betreiben sie die Entsorgung des am Boden liegenden Totholzes und machen so für weitere Baumgenerationen Platz.

*Nach einer frostigen, nebeligen Nacht überzieht
Raureif einen südungarischen Auwald an der Theiß.*

*Dort, wo das Wasser schneller fließt, bilden
sich durch Spritzwasser skurrile Eisskulpturen.*

*Der Winter hält die Flusslandschaft fest im Griff.
Es ist eine kalte, scheinbar leblose Schönheit. Die Bewohner
der Au harren in ihren Nischen des Frühlingsanbruchs.*

*Einst Wildnis, heute von Kulturland umgebene Reste einer
Flusslandschaft. Schon sehr früh hat der Mensch angefangen, die für
ihn bedrohlich erscheinenden Wälder zu roden, um Acker- und Weideland
zu gewinnen. Die Natur Europas – für uns heute kaum vorstellbar –
war ursprünglich nicht weniger wild, als es etwa große Teile Südamerikas
oder Afrikas noch bis ins 20. Jahrhundert waren.*

*Der wilde, ursprüngliche Wald wurde von Menschen seit
Urzeiten als Wohnort von bedrohlichen Wesen angesehen.
Zwerge, Hexen, Drachen, Riesen und wilde Tiere besiedelten
in der menschlichen Phantasie den Wald …*

… Die Mythologie des Waldes spiegelt Erinnerungen der Menschheit an eine Zeit wider, als endlose Wälder noch große Teile des Kontinents bedeckten. Die sagenhaften Wesen verkörperten all jene Gefahren, mit denen sich der junge Mensch bzw. das Kind auseinandersetzen muss, wenn er zum vollverantwortlichen Erwachsenen werden will.

Mücken und Fliegen gehören zu den Zweiflüglern, einer bedeutenden Gruppe der Insekten. Sie nur als Plagegeister zu sehen, ist nach einem Spaziergang in der Au naheliegend. Was man dabei vergisst: sie sind Nahrungsgrundlage für unzählige dort lebende Bewohner, darunter auch für die allseits beliebten Singvögel.

Mit einem Ende wurzelt der Baum in der Erde, seine Zweige weisen aber zum Himmel.
So wurde der Baum wie der Mensch selbst in vielen Kulturen als ein „Wesen zwischen oben und unten"
angesehen, als ein „Abbild der zwischen Himmel und Erde vermittelnden Schöpfung".

„Grüne Hölle" am Fluss

Den Auwald als „Grüne Hölle" zu bezeichnen und ihm damit einen Titel zu verleihen, der für das Dschungelgewirr tropischer Regenwälder geprägt wurde, scheint auf den ersten Blick übertrieben. Doch beim Versuch, sich im Hochsommer, wenn die Pflanzenvielfalt ihren Höhepunkt erreicht, einen Weg durch die Wildnis der Au zu bahnen, werden Parallelen sicht- und spürbar. Grünes Dämmerlicht empfängt den Besucher, der Fuß versinkt im satten Humusboden, dichtes Strauchwerk schlingt sich um die Beine und Lianengewirr verwehrt den Blick in die Baumkronen.

Die unsicheren Kiesbänke und Inseln im Fluss sind für Pflanzen oft wie eine Kampfzone. Immer wieder überschwemmt oder ganz vom Fluss verschlungen, gedeiht hier eine schnellwüchsige Krautflur. Höher wachsenden Pflanzen gegenüber hat sie wegen ihres großen Lichtbedarfs keine Überlebenschance. Im Schotter und Sand von Flussinseln keimen bald nach einem Hochwasser die angelandeten Samen. Mohn- und Knöterircharten, Löwenzahn, Kamille, Natternkopf, Gemeine Nachtkerze und andere, die auch von Äckern und Gärten bekannt sind. Im Sommer fallen dann die wolligen Samen der Weiden und Pappeln wie ein Schneegestöber über die Au. Ihre Jungpflanzen trotzen bereits den kommenden Hochwässern, filtern nährstoffreichen Schlamm heraus und halten ihn fest. Purpur- und Silberweiden wachsen schnell heran und der Konkurrenzkampf um Raum und Nährstoffe beginnt. Den Sieg tragen stets die Silberweiden davon und es entsteht der erste Wald der Weichen Au, der Silberweidenwald.

Unter seinem Baldachin sprießt, blüht und vergeht eine typische Waldkrautschicht: Brennnesseln, Aubrombeeren, Goldrute und andere Gewächse. Mehrere Überschwemmungen passieren den jungen Wald und bringen regelmäßig nährstoffreichen Schlamm mit sich,

Wüsst' ich genau, wie das Blatt aus seinem Zweig herauskam, schwieg' ich auf ewige Zeit still; denn ich wüsste genug.
Hugo von Hofmannsthal

der im Netzwerk der Wurzeln abgelagert wird. Immer seltener erreicht die Überflutung den höher wachsenden Wald. Schwarz- und Silberpappeln fordern jetzt mehr Raum. Ihre Lebenskraft zeigt sich in der enormen Regenerationsfähigkeit: Werden die Stämme beschädigt, sprießen bald neue Triebe, aus denen sich junge Bäume entwickeln können. Die ursprünglich dominierende Silberweide wird zunehmend verdrängt und der Silberweidenwald allmählich durch Pappelwald ersetzt. Die mächtigen Stämme der Schwarzpappeln heben ihre Kronen in luftige Höhen. Unter ihnen gedeiht im lockeren Humus eine ausgedehnte Strauchschicht mit Schneeball, Liguster, Geißblatt und Holunder, in deren Schatten eine noch niedrigere Krautschicht vegetiert.

Die Bodenschicht wird im Laufe der Zeit durch angeschwemmtes Material immer höher, der unmittelbare Kontakt zum Grundwasser geringer. Das Blatt wendet sich dadurch und die einstigen Sieger werden des Platzes verwiesen. Die dauerhaften Bäume der Harten Au mit Stieleichen, Eschen, Feld- und Flatterulmen und zahlreichen anderen halten Einzug. Neben dem zeitlichen Faktor spielt dabei die Entfernung zum Fluss eine entscheidende Rolle.

Die mächtigen Bäume des Auwaldes ziehen zunächst alle Aufmerksamkeit des Besuchers auf sich. Dieser imposante Dschungel könnte aber ohne die mühevolle Kleinarbeit der unscheinbaren Kräuter, die ihm den Weg ebnen, kaum entstehen. Jede noch so kleine Pflanze erfüllt eine Aufgabe und dem größten Baum haben ausgerechnet die winzigen Kräuter den Boden geebnet. Kräuter sind der botanischen Definition nach Pflanzen ohne verholzte Teile. Im Gegensatz zu den beständigen Hölzern spiegeln sie das unbeständige Leben der Au wider. In ihnen offenbart sich die Art des Lebensraums und durch sie zeigen sich auch wie in einer Momentaufnahme ökologische Faktoren wie Wasserstand und Bodenqualität. Die Gesellschaft der Kräuter charakterisiert für den Kenner die unterschiedlichen Biotope, von den Schotterbänken, lehmigen Senken über Weiche und Harte Au bis zu den Heißländen.

Was für das Auge schön anzuschauen ist – den Waldboden überwuchernde bunte Blüten –, hat eine tiefere Bedeutung und bildet einen unerlässlichen Bestandteil des Ökosystems Auwald. Die artenreiche Krautschicht wächst und gedeiht auf dem nährstoffreichen Boden, entzieht ihm Mineralien, betreibt Photosynthese, produziert Sauerstoff und organische Substanz. Stirbt die Krautschicht ab, gibt sie die erhaltenen Stoffe an den Boden zurück. In jeder Stufe ihres Daseins bietet sie anderen Organismen wichtige Lebensgrundlagen. Der gesamte Pflanzenkörper mit Wurzel, Spross, Blatt, Blüte, Frucht und Samen ernährt eine Vielzahl von Tieren. Selbst nach seinem Tod dient er Bodentieren, Pilzen und Bakterien als Nahrung.

Auch Exoten und Einwanderer haben ihren Weg in die heimische Vegetation gefunden. Die Goldrute kommt aus Amerika, das Große Springkraut ist aus dem Himalaya über botanische Gärten eingewandert. Im August leuchten seine dünnhäutigen, rosafarbenen Blütenlampions aus dem Grün des Waldes.

Das Hauptcharakteristikum der Pflanzen ist der in den grünen Pflanzenteilen enthaltene Farbstoff, das Chlorophyll – ein Makromolekül, welches das Leben aller Pflanzen bestimmt und unseres erst ermöglicht. Durch Sonnenlicht, das durch das Chlorophyll aufgenommen wird, werden die Photosynthese angetrieben und die Grundlagen des Lebens geschaffen. Mit Hilfe der Lichtenergie werden aus energiearmen anorganischen Molekülen energiereiche organische Verbindungen aufgebaut. Aus dem Wasser des Bodens und dem Kohlendioxid der Luft entsteht Traubenzucker oder Glucose, der Stoff, der an der untersten Stufe jeder Nahrungspyramide steht und damit „das" Grundnahrungsmittel dieser Erde ist. Der bei der Photosynthese anfallende Sauerstoff ist eigentlich ein Nebenprodukt, das in die Atmosphäre gelangt und alles höhere Leben auf Erden möglich macht.

Das Licht der Sonne ist der Motor des ganzen Geschehens. Bäume erheben ihre Kronen weit über alle anderen Pflanzen und genießen so uneingeschränkt das Lichtangebot. Allerdings konkurrieren dabei bereits die einzelnen Blätter einer Baumkrone miteinander. Die unter den Bäumen wachsenden Sträucher haben es etwas schwerer, die begehrte Sonnenenergie in genügender Menge zu tanken. Doch am schlechtesten sieht es für die niedrige Krautschicht aus. Ihre Chance liegt daher in der Geschwindigkeit des Wachstums. Noch bevor die Bäume im Frühjahr ihre Blätter hervorbringen, schauen die ersten grünen Spitzen aus den Schneeresten hervor. Die zarten Triebe der Schneeglöckchen durchbrechen das schmelzende Eis. Buschwindröschen entfalten zwischen den tief eingeschnittenen Blättern ihre Blüten. Gelbe Schlüsselblumen, blaue Himmelssternchen und violette Veilchen lockern die bisher von Weiß dominierte Gesellschaft mit frischer Farbe auf. Später im Frühjahr erscheinen die Blütensterne des Bärlauchs. Im letzten Licht, bevor die Bäume die Schatten verdichten und der Vorhang bis in den Herbst zugezogen wird, streben Geißfuß, Goldrute und Springkraut nach oben.

Wenn sich das Kronendach des Waldes geschlossen hat, bleibt nur noch die Möglichkeit, höher als andere zu wachsen oder die Blätter lichtempfindlicher zu machen, in dem mehr Chlorophyll eingelagert wird. Im Dämmerlicht des Waldbodens schlägt die Stunde der Spezialisten. Die findigsten unter ihnen hangeln sich dem Licht entgegen, einfach über andere Pflanzen hinweg. Echte Kletterpflanzen haben dabei ihre Wurzeln immer im Erdboden verankert. Der strangförmige Körper befördert die Blätter in die Höhe; die Pflanzen entwickeln verschiedene Kletterstrategien. In der untersten Krautschicht beginnt das unscheinbare Kletten-Labkraut sich mit seinen nach rückwärts gerichteten Klimmhaaren an anderen Pflanzen festzuhalten. In der Etage der Bäume bilden Lianen oft einen undurchdringlichen Vorhang. Die Waldrebe umwindet mit ihren dicken Strängen manche Baumstämme fast vollständig oder hängt in langen Tauen aus den Baumkronen herab. Ihre Blätter und weißen Blütenstände entwickeln sich in den höheren Stockwerken des Waldes. Hopfen und verschiedene Winden umschlingen Stämme und Sträucher. Der immergrüne Efeu treibt seine glänzenden Blätter mit Hilfe von Haftwurzeln an Ästen und Zweigen in die Höhe.

Der Wald ist stellenweise undurchdringlich geworden. Hartriegel und Liguster bilden Stolperfallen, die Dornen des Weißdorns zerren an den Kleidern des Besuchers und ritzen schmerzhaft die Haut auf. Die Abwehr eines Besuchers ist jedoch nicht der Zweck des Dickichts. Es ist das Streben nach Licht, in dem die reichhaltige Entfaltung in mehreren übereinander angeordneten Stockwerken begründet ist. Der gesamte Aufbau der „Grünen Hölle", vom kleinsten Krautpflänzchen im Unterwuchs bis zum höchstgelegenen Blatt der Baumkronen, wird dadurch bestimmt. Nirgendwo sonst in unseren Breiten werden die einzelnen Stockwerke des Waldes von so vielen Arten aufgebaut wie in den Auen.

Die Vielfalt der Au ist schier unerschöpflich. Wo die tropisch anmutende Feuchte des Waldes endet, beginnt mancherorts eine steppenartige, trockene „Savanne", die sogenannten Heißlände. Die Erklärung des scheinbaren Widerspruchs ist einfach: Starke Hochwasserfluten können mit ihrer Kraft und dem mitgetragenen Schotter hohe Bänke aufwerfen. Bei niedrigem Wasserstand ragen diese Inselrücken und Kiesbänke in die sommerliche Hitze. Durch die hohen Temperaturen trocknet der Boden bis weit in die Tiefe aus. Das Regenwasser versickert schnell und das Grundwasser erreicht die etwas höher liegenden „Inseln" nur ungenügend. Hier kann sich keine ausreichende Humusschicht etablieren, wie sie die Au sonst kennt. Solche extremen Trockenstandorte stehen ganz im Gegensatz zu der ansonsten feuchten Au und beherbergen eine besondere Siedlergemeinschaft.

Die farbenfrohe Vegetation der Heißlände umfasst seltene Knabenkrautgewächse und andere Orchideen wie das Brand-Knabenkraut, die Bienen- und Hummel-Ragwurz. Die frühen Blütenstände der Insektenorchideen ahmen mit ihrer charakteristischen Behaarung die Weibchen der jeweiligen Insektenart nach und werden von den Männchen aufgesucht. Durch ihre Begattungsversuche mit der Sinnestäuschung bedecken sie sich mit Blütenstaub und sorgen so für den Fortbestand der Pflanzen – eine Koevolution von Tier und Pflanze, die ihresgleichen sucht. In Äonen der Entwicklungsgeschichte hat sich

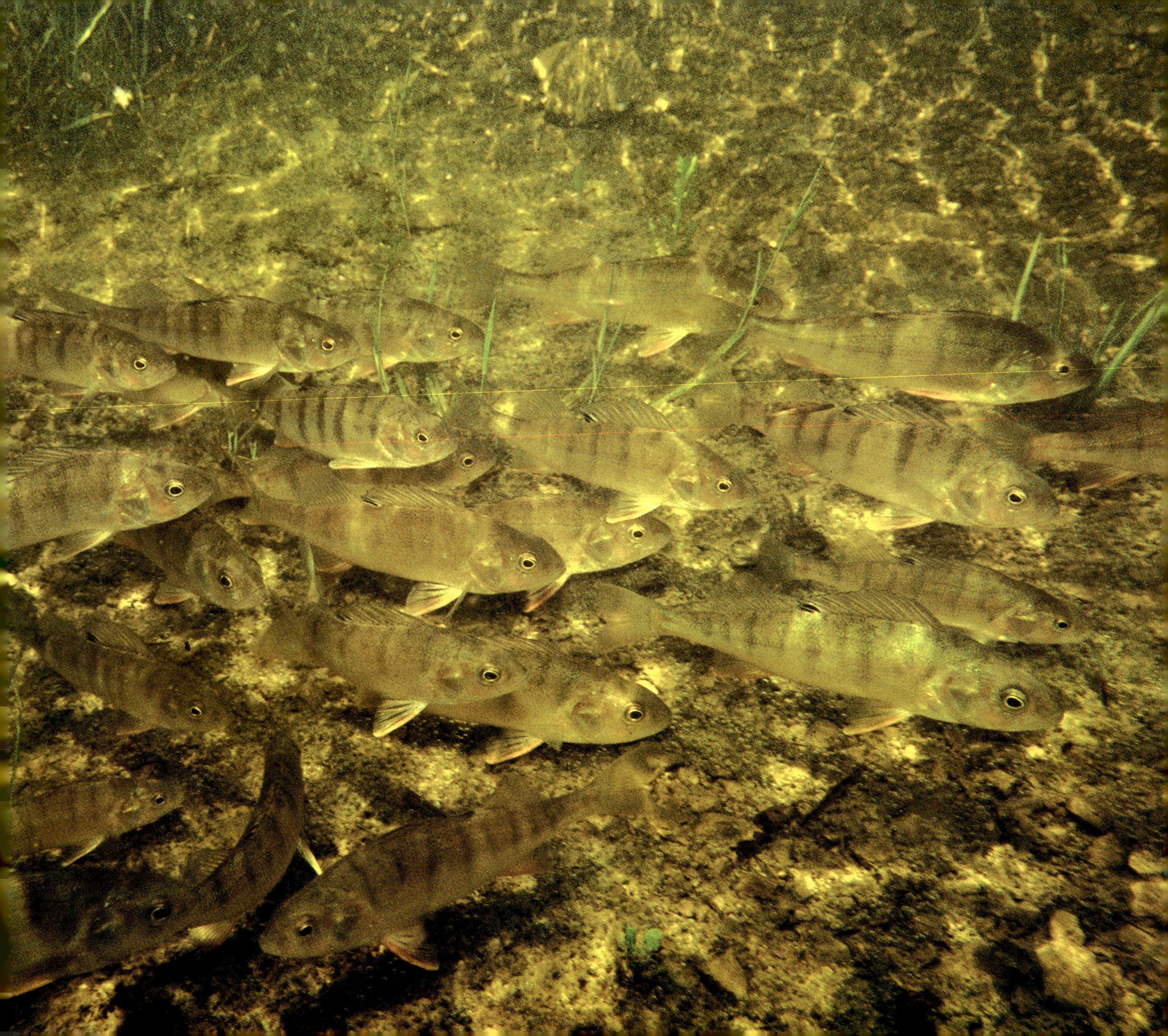

Der Legende nach wird er mehrere hundert Jahre alt. Die Realität ist mit 80 Jahren immer noch beeindruckend genug: der Wels oder Waller (Silurus glanis) ist der größte und mächtigste Raubfisch unserer Gewässer, der auch Vögel und Säugetiere erbeutet. Bis zu zweieinhalb Meter lange Exemplare hat man früher aus den großen Strömen Europas gezogen. Vom Rheinoberlauf an ostwärts besiedelt der Wels die Elbe, die Donau und viele andere Flüsse Europas und ihre Zuflüsse.

Junge Flussbarsche (Perca fluviatilis) leben in Schwärmen in fließenden und stehenden Gewässern. Erst ältere Tiere werden zu Einzelgängern. Augewässer bieten dem gefräßigen Raubfisch reichhaltig Nahrung und ideale Lebensbedingungen.

*Ein Flussbarsch ruht am Gewässergrund.
Je nach den Lebensbedingungen im Gewässer kann
er farblich unterschiedliche Formen ausbilden.*

*Der prächtige Hecht (Esox lucius) lauert regungslos
im trüben, grünlichen Wasser eines Altarmes. Selbst eigene
Artgenossen der gleichen Größe sind vor ihm nicht sicher.*

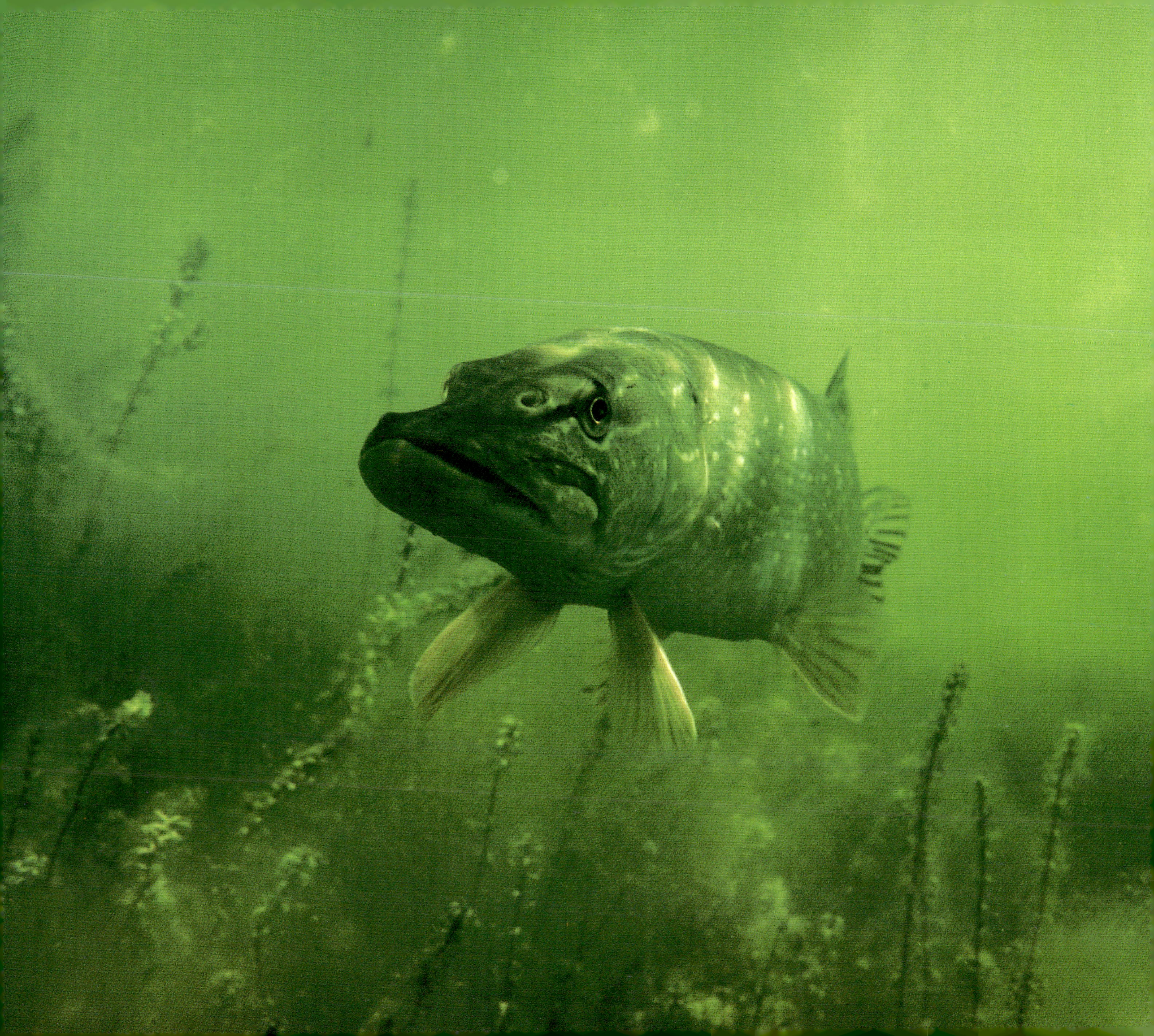

dieses ebenso ungewöhnliche wie perfekte System herausgebildet.

So außergewöhnlich die Vegetation der Heißländen für die Au ist, ist sie doch ein Bestandteil dieses Lebensraumes. Die Pflanzen machen auch vor diesen heißen Extremstandorten nicht Halt und bringen eine verhältnismäßig große Artenfülle hervor. Auch Heißländen sind als Teil der dynamischen Au plötzlichen Veränderungen unterworfen. Wenn der Fluss einmal unerwartet zuschlägt, erobern andere Siedler den bisher trockenen Standort. Solche Zerstörungen durch die Natur erzeugen aber in der Folge immer Vielfalt und öffnen die Tür für neues Leben. Die nachhaltigen, naturfremden Eingriffe des Menschen hingegen hinterlassen meist Leere und Eintönigkeit.

Bei einer sommerlichen Bootsfahrt durch die Seitenarme des Auwaldes zeigt sich ein wahrer Dschungel auch unter Wasser. Das Dickicht der untergetauchten Vegetation macht ein Vorwärtskommen stellenweise unmöglich. Die weißen Blüten des Flutenden Hahnenfußes bevölkern zu tausenden die klaren Gewässer der

Die dichte Unterwasservegetation stiller Augewässer ist nicht nur ein ästhetischer Genuss für die Augen.

Altarme. Die kleinen Blütenköpfe an der Wasseroberfläche lassen das dichte Unterwassergewirr, dem sie entstammen, nur erahnen. Die Pflanzenkörper wurzeln im Untergrund und können viele Meter lang werden. Neben dem Hahnenfuß bildet der Gemeine Wasserstern grüne Teppiche auf dem Gewässergrund. Weitaus auffälliger sind die Blüten der Weißen Seerose und der Gelben Teichrose. Über den großen Schwimmblättern erheben sich ihre prächtigen Blütenkelche. Die Gelbe Teichrose strömt einen alkoholähnlichen Geruch aus, um Insekten anzulocken. Ende Mai verbreiten auch die ausladenden Blütenstände der aus dem Wasser wachsenden Gelben Schwertlilie einen süßlichen Duft. Ihre Früchte werden schwimmend verbreitet.

Das Boot zieht an dem ins Wasser ragenden Wurzelwerk vorbei. Die dazugehörigen Bäume am Ufer sitzen direkt an der lebensspendenden Quelle. Manche ihrer toten Artgenossen hat jedoch das Wasser verschlungen. Sie liegen jetzt übereinandergewürfelt auf dem Grund des stillen Gewässers und haben sich, von Fadenalgen mit einem grünschimmernden Tuch überzogen, in einen Zauberwald verwandelt. Die oft alles überwuchernde Wasserpest bildet einen richtigen Unterwasserwald. Eine botanische Seltenheit ist das Pfeilkraut, das neben seinen weißen Blüten unverkennbar pfeilförmige, steil aufragende Luftblätter trägt. In verlandeten Bereichen wächst die Staude der ebenfalls seltenen Schwanenblume. Die saftigen Stengel tragen die feinen rosa Blüten über das Wasser hinaus. Im Grün des Röhrichts ziehen die stachlig-kugeligen Blütenstände des Ästigen Igelkolbens die Aufmerksamkeit auf sich.

Wie an Land, so zeigen die Pflanzengemeinschaften im Wasser ebenfalls die vorherrschenden Lebensbedingungen wie Nährstoffgehalt und Durchflussgeschwindigkeit an. Je nach Stärke der Strömung wechselt die Vegetation. Brunnenkresse bevorzugt schnell fließendes Wasser, Schilf, Binsen und Rohrkolben siedeln sich dagegen bei ruhig dahingleitender Strömung an. Wenn das Wetter besonders feucht ist, brechen im Spätsommer und Herbst die Schirme der Pilze zwischen Falllaub, Humus und Totholz hervor und schieben sich beharrlich zwischen Ast- und Wurzelwerk heraus. Schon bald fallen die gebrechlichen Fruchtkörper der Fressgier von Schnecken und Larven zum Opfer. Ihren Zweck haben sie zu diesem Zeitpunkt jedoch bereits erfüllt. Myriaden mikroskopisch kleiner Pilzsporen, die sich unter dem Schirm geschützt entwickeln konnten, haben sich bereits verbreitet und damit den Grundstock für weitere Pilzgenerationen gelegt. Durch den Wind oder verschiedene Tiere sind genug davon an die geeigneten Stellen transportiert worden. Das aus ihnen hervorgegangene Fadengeflecht, das Myzelium, wuchert in alle verfügbaren Spalten und Ritzen hinein. Dieses Geflecht ist der eigentliche Pilz, der totes Holz und den Boden unsichtbar durchzieht, immer auf der Suche nach neuer Nahrung. Vor allem beim Abbau gefallener Bäume, Tierkadaver, Früchte und Falllaub erfüllen die Pilze ihre Aufgabe als Zersetzer. Viele von ihnen können Zellulose und das für andere Organismen unverdauliche Lignin des Holzes angreifen und so für den weiteren Abbau erst zugänglich machen.

Im so geschaffenen Lebensraum kann sich eine Kleintierfauna entfalten, die am Anfang der Nahrungskette des Auwaldes steht.

Libellen haben riesige Komplexaugen.

Der Schwarzmilan (Milvus migrans) ist nur eine der vielen Greifvogelarten, für die Auwälder wichtige Lebensräume und Rückzugsgebiete bedeuten. Er fliegt auf der Suche nach toten Fischen oft langsam und niedrig über Wasserflächen oder am Ufer entlang.

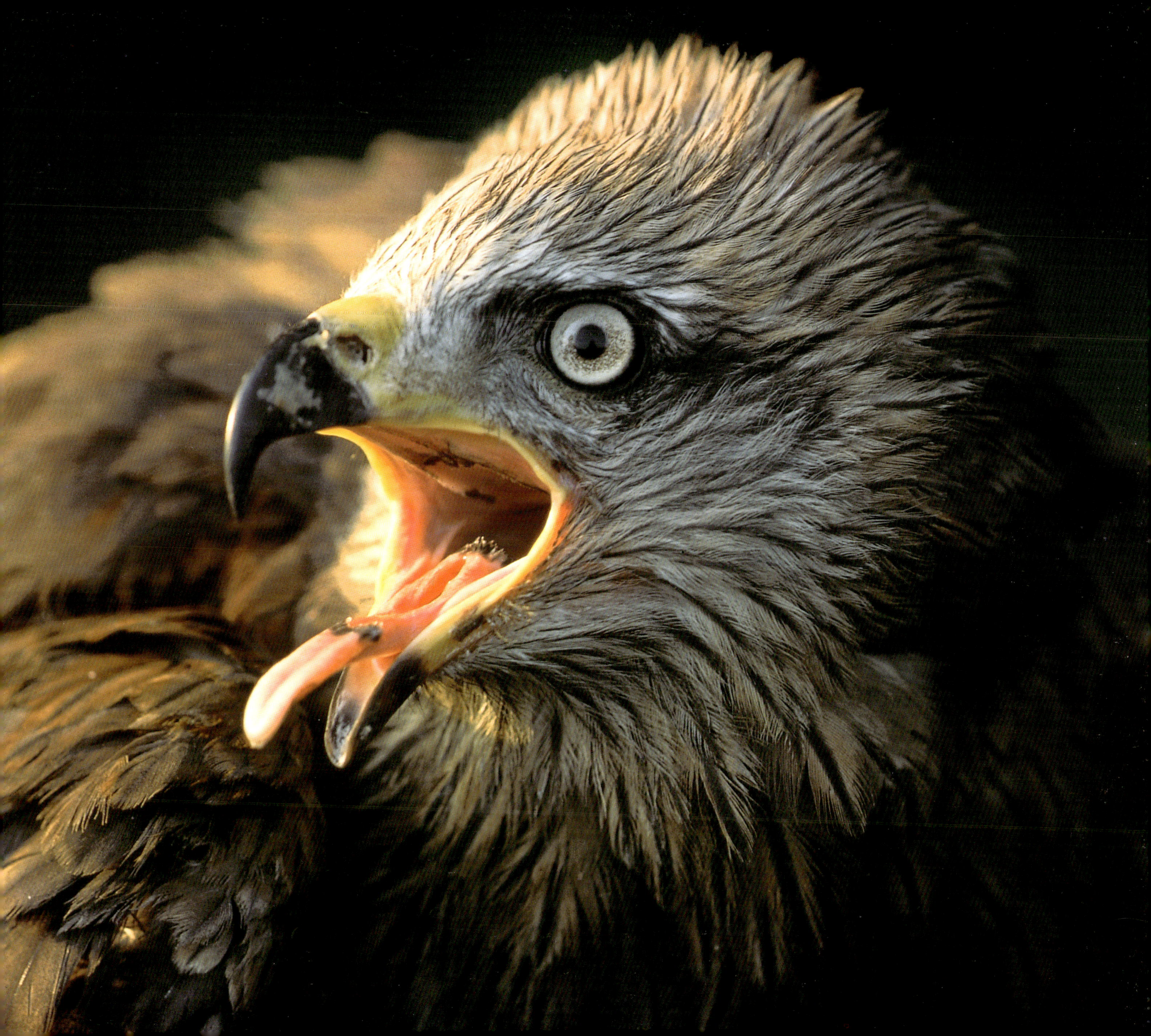

Spinnen sind in Auen allgegenwärtig. Obwohl von vielen Menschen nicht besonders geliebt, ist ihre ökologische Bedeutung für den Gesamtlebensraum enorm. Sie erbeuten ungleich mehr Mücken und andere Fluginsekten als die besten Insektenjäger unter den Singvögeln und sind – wie auch ihre Eier – gleichzeitig wichtige Nahrungsgrundlage für andere Tiere.

Dass ein Wald mehr ist als nur die Ansammlung seiner Bäume, ist eine Binsenweisheit. Im Falle der Auwälder ist sie aber besonders zutreffend, da sie die artenreichsten Lebensräume Mitteleuropas sind. Ihre letzten Reste zu zerstören, wäre daher mehr als nur ein kleiner Fehlgriff …

Das Dschungelartige der Auwälder, ihre scheinbare Undurchdringlichkeit, rührt neben den Baumriesen und der ausgeprägten Krautschicht auch von den zahlreichen Kletterpflanzen her. Der Antrieb für ihre Klettertätigkeit ist das Licht, das im Sommer nur noch in den obersten Etagen ausreichend vorhanden ist.

Bockkäfer gehören zu den größten Insekten des Auwaldes. Zu ihrem Überleben brauchen Bock- und auch Hirschkäfer alte Bäume und Totholz – eine Mangelware in unseren Wirtschaftswäldern. Hier entwickeln sich über viele Jahre die Larven, bis aus ihnen für eine kurze Zeit – manchmal nur einige Tage oder Wochen – Käfer werden.

*Schilf (Phragmites australis) ist eine der erfolgreichsten
Uferpflanzen der Welt. Seine Halme sind ein Wunder an Festigkeit.
Der Rand vieler Augewässer ist von einem dichten Schilfgürtel
bedeckt, der über und unter Wasser eine wichtige ökologische Rolle
für eine ganze Lebensgemeinschaft spielt.*

*Früher oft als nutzlos oder lediglich als Brutstätte
von Waldschädlingen angesehen: Totholz am Waldboden.
Heute hat man seine Bedeutung für den Wald und seine
Bewohner erkannt. In Auwäldern können besonders beein-
druckende Skulpturen aus Totholz bewundert werden,
das in Wirklichkeit nicht tot, sondern lebensspendend ist.*

*Neuntöter (Lanius collurio) und andere
Vogelarten aus der Familie der Würger
spießen Beutetiere – hier einen
kleinen Laubfrosch – auf Dornen
oder Stacheldraht auf.*

Kleinere Gewässer der Au verlanden durch den üppigen Pflanzenwuchs schnell. Die Dynamik des Flusses mit seinen Hochwässern sorgt unter natürlichen Bedingungen dafür, dass immer wieder neue Gewässer entstehen.

Neben verschiedenen Vogelarten ist vor allem die Ringelnatter (Natrix natrix) einer der wichtigsten Feinde des Laubfrosches. Sie jagt ihn sowohl im Wasser als auch auf den tümpelnahen Sträuchern und Bäumen. Die Strategie des Laubfrosches, sich aufzublasen und groß zu machen, nützt meistens nur wenig, da Schlangen durch ihre Kieferanatomie in der Lage sind, sehr große Beutestücke zu verschlingen.

Am Anfang war der Baum

Ein Wald besteht vor allem aus Bäumen, ist aber mehr als nur die Summe seiner Bäume: Er bildet ein Miteinander, Nebeneinander und Gegeneinander von unzähligen Einzelkomponenten. Von Bakterien und holzzersetzenden Pilzen über Kräuter und Bäume bis hin zu Rehen oder Hirschen spielen alle Beteiligten ihre Rolle und tragen zur Erhaltung des Gesamtorganismus Wald bei. Krankes und Abgestorbenes hat hier auch eine Funktion, Stoffe zirkulieren in ewigen Kreisläufen, die Sonnenenergie fließt durch das Ökosystem und treibt diese Kreisläufe an.

Der Baum steht auch im Auwald im Mittelpunkt und ist sein Grundbaustein. Im Vergleich mit den zahlreichen anderen pflanzlichen Begleitern hat er eine Fähigkeit, die ihn jedem anderen Pflanzentypus überlegen macht: Er hebt seine Blätter zwanzig, dreißig oder gar fünfzig Meter über den Erdboden, in Höhen also, wo nur noch andere Bäume mit ihm um das lebensnotwendige Licht konkurrieren. Dieses Phänomen ist überall auf der Erde zu beobachten: Wo genügend Licht und Wasser zur Verfügung steht, dominieren Bäume die Vegetation. Dass große Bäume überhaupt bestehen können – und das oft über Jahrhunderte –, verdanken sie hauptsächlich zwei wichtigen Baustoffen ihres Holzes: dem Lignin (ein kompliziertes, dreidimensionales Molekül) und der Cellulose (ein aus bis zu 5000 Einheiten aufgebautes Mehrfachzucker-Molekül), beide die mengenmäßig häufigsten organischen Naturstoffe unseres Planeten. Man schätzt, dass durch Pflanzen weltweit jährlich zehn Billionen Tonnen Cellulose gebildet werden. In der Kombination der beiden Bausteine Lignin und Cellulose ist die große Widerstandsfähigkeit von Holz begründet, die kaum von einem anderen Material erreicht wird.

Werden die untersten Äste eines Baumes nur noch ungenügend mit Licht versorgt, sterben sie ab. Pilze und Bakterien können sich auf dem toten Holz ansiedeln und ihr zersetzendes Werk beginnen. Von den morsch werdenden Ästen aus könnten sie allerdings auch den Stamm befallen. Dagegen wehrt sich der Baum durch das Vorschieben eines Riegels aus Harz und Wundgummi. Herbststürme und Schnee sorgen früher oder später als Gesundheitspolizei für Abhilfe: Die kranken oder abgestorbenen Äste – und mit ihnen die Eindringlinge – brechen ab. Man muss sich der Kräfte bewusst werden, denen ein großer Baum ausgesetzt ist. Da ist nicht nur das Eigengewicht des Baumes, bei dem allein die Krone mehrere Tonnen wiegen kann, da ist auch die Belastung durch dichte, schwere Schneemassen im Winter. Stürme, die manchmal orkanartig durch den Wald fegen, zerren an seinen Ästen, drücken gegen den Stamm, versuchen ihn mitsamt dem Wurzelstock auszuheben.

Damit der Baum den gewaltigen Naturkräften widerstehen kann, braucht er eine besonders feste Verankerung. Die größte Baumkrone, der stärkste Baumstamm würden nichts nützen ohne das entsprechende Verbindungsstück zum Boden. Das Wurzelwerk ist das Fundament des Baumes und zugleich seine Wasserpumpe. Die ungeheure Last des Baumkörpers wird im Boden verankert und das lebensnotwendige Wasser samt gelösten Nährstoffen aufgenommen. Hunderttausende Liter Wasser wandern so aus dem Boden bis in die Blattspitzen, eingesogen über ein ausgeklügeltes System von Wurzelhaaren, denen kein Tröpfchen Wasser im Boden entgeht. Sie dringen in die kleinsten Poren des Waldbodens ein, umwachsen winzige Bodenteilchen und finden so das lebenswichtige Nass. Ein Auwald in unmittelbarer Nähe des Flusses – solange er nicht von ihm abgeschnitten wird – hat natürlich keine Probleme mit der Wasserversorgung. In Folge der regelmäßigen Überflutungen können in diesem Bereich aber nur bestimmte Baumarten dauerhaft gedeihen, die der Weichen Au.

> *Mit den ersten Bäumen, die gefällt werden, beginnt die Kultur. Mit den letzten Bäumen, die gefällt werden, endet sie.*
> Aus Norwegen

*Unter der Rinde alter
Bäume verstecken sich viele Kleintiere des
Auwaldes vor der Kälte des Winters.*

Baumschwämme können Moderpilze sein, die abgestorbenes Holz zersetzen und die Natur davor bewahren, an den eigenen Abfällen zu ersticken. Viele sind aber auch Schmarotzer, die lebende Bäume befallen und sie zum Absterben bringen können.

Im Frühjahr lässt der Buntspecht (Picoides major) seinen heftigen, kurzen Trommelwirbel ertönen. Buntspechte bauen jedes Jahr – zumeist in kranken Bäumen – eine neue Höhle und schaffen so Wohnraum für andere Höhlenbrüter.

Boote sind im Auwald oft das einzige effektive Fortbewegungsmittel. Gleich hinter der Uferlinie beginnt das undurchdringliche Dickicht. Die Gewässer sind mancherorts noch fischreich und für Angler vielversprechende Fangreviere.

Ahornblätter bedecken einen kleinen Tümpel in der Harten Au, der von unten her mit Grundwasser gespeist wird. Selten findet man in Augewässern so klares Wasser – eine Einladung für den Fotografen, die Blätter einmal von unten aufzunehmen.

Weich- und Hartholzau

Vom Fluss kommend, erreicht der Besucher zuerst den regelmäßig überschwemmten, vom Wasser unmittelbar geprägten und ständig umgeformten Bereich. Vor allem hier gleicht die Au einem tropischen Regenwald. Das ist der Wald der Weiden, Pappeln und Grauerlen, die sich den hier herrschenden Bedingungen perfekt angepasst haben.

Die Wurzeln der Bäume müssen bei Überschwemmungen mit „nassen Füßen" und längerer Sauerstoffknappheit im Wurzelbereich zurechtkommen. Die Weiden lösen dieses Problem auf ihre Art: Sie bilden bei längeren Überschwemmungen nahe der Wasseroberfläche neue Wurzeln, die nach Rückgang des Hochwassers hoch über dem Boden hängen. Weiden können am weitesten ins Wasser vordringen und die angeschwemmten Nährstoffe nutzen. Das daraus resultierende schnelle Wachstum bedeutet jedoch wenig haltbares und weiches Holz, das den Weiden nur geringe Stabilität verleiht. Bei größerer Belastung brechen Äste oder ganze Stämme ab. Die Lebensspanne der Weiden ist mit etwa 40 bis 50 Jahren, einem Alter, in dem sich die Bäume der Hartholzau erst so richtig zu entfalten beginnen, relativ gering. Das weiche Holz wird mit der Zeit morsch und brüchig, eine neue Weidengeneration hat längst seinen Platz eingenommen. Das ist die richtige Strategie für den Lebensraum Weichholzau, in dem es ohnehin keine langfristige Stabilität gibt.

Die Weide zeigt eine unter unseren Baumarten wohl einmalige Vitalität. Aus abgebrochenen Ästen oder gefällten Stämmen sprießen bald zahlreiche frische Zweige, alles potenzielle neue Weiden. Mit besonderem Tempo besiedeln sie neu entstandene Sand- und Kiesbänke. Weiden blühen früh im Jahr, manchmal bereits im April. Ihre feinbehaarten Samen werden vom Wind und dem frühsommerlichen Hochwasser fortgetragen. Die wolligen Samen der Weiden und Pappeln schwirren bei jedem Windhauch durch die Luft. Sobald sie aber auf geeignetes Substrat stoßen, keimen sie aus und erweisen sich von Anfang an als widerstandsfähig gegen weitere Überschwemmungen. Diese Samen haben keine großen Vorräte an Aufbaustoffen. Sie haben es aber auch nicht nötig, denn der frisch abgelagerte Schlick ist voller Nährstoffe, ebenso sind Wasser und Licht reichlich vorhanden. Ähnlich wie bei Tieren zeigen sich auch hier unterschiedliche Fortpflanzungsstrategien: Im einen Fall wird viel Energie in die Produktion von wenigen, großen, mit Nährstoffen wohlversorgten und gutverpackten Samen investiert. Im anderen Fall, wie bei der Weide, werden große Mengen kleiner Samen ohne große Nährstoffreserven produziert. Dies ist eine der wesentlichen Voraussetzungen, die die Weide als Pionierpflanze mitbringt.

Nur der Einsame findet den Wald; wo ihn mehrere suchen, da flieht er, und nur die Bäume bleiben zurück.
Peter Rosegger

Die Schwarz- und Silberpappeln sind etwas anspruchsvoller. Sie nutzen – vor allem dort, wo Überflutungen nicht mehr so lange andauern – den von den Weiden vorbereiteten Boden und wachsen schnell in die Höhe. Der Vorteil der Pappeln liegt in ihrer Größe: Bald schon nehmen sie den Weiden das Licht weg und dominieren große Bereiche der Weichen Au. Die Pappelblätter sind größer als die Blätter der meisten Weidenarten, können so mehr Licht aufnehmen und durch die Photosynthese mehr organische Masse bilden.

Das Leben direkt am Wasser bringt durchaus auch Probleme mit sich, wie mancher Badende nach einem sonnigen Tag an der eigenen Haut feststellen kann. Die Wasseroberfläche reflektiert viel UV-Strahlung, so dass auch Bäume besondere Schutzmechanismen gegen einen „Sonnenbrand" entwickeln. Da ist einmal die dicke, rissige und raue Borke der Weiden und Pappeln, die schützend gegen diese Strahlung wirkt (manch anderer Baum, etwa die Rotbuche mit ihrer feinen Rinde, könnte am selben Standort nicht überleben). Die Blätter sind von unten dicht mit einer silbrig glänzenden Haarschicht bedeckt, die

Spiegelglatt zeigen sich kleine Augewässer an windstillen Tagen.
Das abgefallene Blatt kündigt den herannahenden Herbst an.

viel Luft einschließt und verfilzt, wodurch eine zu starke Erwärmung des Blattes und übermäßige Wasserverdunstung verhindert wird. Die Bäume der Weichen Au legen den Schwerpunkt ihrer Überlebensstrategie vorwiegend auf das schnelle Wachstum. Äußerliche Abwehrwaffen wie Dornen oder Versteifungen gegen Fressfeinde fehlen ihnen.

In Blättern und Rinde der Weiden ist ein Schutzstoff gegen Fressfeinde eingelagert, der Weltruhm erlangt und eine große medizinische Karriere gemacht hat. Nur wenige wissen jedoch, dass dieser – von vielen täglich eingenommene – Stoff mit Weiden zu tun hat. Es ist Salicin, aus dem die Salizylsäure hergestellt wird, besser bekannt unter dem Namen Aspirin. Dieses wohl bekannteste Medikament der Welt, seit 1899 auf dem Markt, wirkt fiebersenkend, desinfizierend und schmerzstillend. Seine blutgerinnungshemmende Wirkung wird bei Thrombosen und seit einigen Jahren präventiv gegen Herzinfarkt eingesetzt. Der Name Salicin leitet sich vom wissenschaftlichen Namen der Gattung Weide – *Salix* – ab. Trotz dieses Schutzes gibt es Spezialisten, die ausschließlich Weidenblätter fressen, so die Gespinstmotte *Yponomeuta rorellus*, die nur auf Silberweiden vorkommt.

Der neben Weiden und Pappeln dritte typische Baum der Weichen Au ist die Erle. Die häufigsten Erlenarten Mitteleuropas sind die Schwarzerle (*Alnus glutinosa*), die Grünerle (Alnus viridis) und die Grauerle (*Alnus incana*), wobei außerhalb der Alpen vor allem der Bestand der Grauerle Bedeutung erlangt hat. Reine Erlenwälder bedeckten einst ganze Quadratkilometer Aulandschaft. Aus gutem Grund sind sie schon früh der Rodung zum Opfer gefallen. Der lockere, sandige Boden, auf dem Erlenauen wachsen, enthält so viel Stickstoff, dass ein Düngen solcher landwirtschaftlicher Flächen mehrere Jahre nicht notwendig war. In den Bereichen mit Weiden oder Pappeln ist das Stickstoffangebot des Bodens wesentlich geringer. Der Grund für dieses Phänomen wird erst unter einem Mikroskop mit starker Vergrößerung sichtbar: Symbiontische Bakterien in den Wurzelknollen sind dafür verantwortlich.

Unter idealen Bedingungen bildet die Erle genügend Schutzstoffe gegen Fressfeinde. Der Biber beispielsweise verschmäht die Rinde von Erlen und bevorzugt Weiden und Pappeln. Erlenäste verwendet er nur für seine Bautätigkeit. Junge, noch ungenügend mit Schutzstoffen ausgestattete Erlenblätter werden vom Erlenblattkäfer (*Agelastica alni*) abgeweidet. Besonders gute Chancen haben die Schädlinge, wenn Überschwemmung oder Trockenheit die Tätigkeit der Strahlenpilze behindern, damit Stickstoffzufuhr und Bildung von Schutzstoffen hemmen und der Baum geschwächt ist.

Etwas seltener findet man in der Weichen Au die zu ihrer Blütezeit stark riechende Traubenkirsche (*Prunus padus*), deren auffallende weiße Blütenstände Anfang Mai einen betörenden Duft verbreiten. Die Traubenkirsche wächst ziemlich schnell und kann die Erle, als wichtigen Platzkonkurrenten, bereits in den ersten Jahren um einen Meter oder mehr überragen. Trotzdem verliert die Traubenkirsche meist den Wachstumswettbewerb. Der Grund dafür zeigt sich im Anblick dieser Bäume in der zweiten Maihälfte: Sie sind wie in ein weißes Tuch gehüllt. Ganze Waldstücke können lückenlos in die seidige Hülle gepackt sein. Nahezu alle Blätter sind verschwunden, Tausende Raupen kriechen über das dichte und zähe Gespinst. Die Trau-

Die Krautschicht der Au muss das Lichtangebot nutzen, solange die Waldriesen ihr Blätterdach noch nicht geschlossen haben. Im Frühjahr entwickeln sich deshalb – sobald der Schnee zu tauen beginnt – explosionsartig die zarten Krautpflanzen.

Bereits Anfang Mai ist das dichte Blätterdickicht der Baumkronen geschlossen. Nur vereinzelt treten noch Lichtstrahlen durch. Die meisten Kräuter der Bodenschicht haben ihre Blütezeit dann bereits hinter sich.

benkirschen-Gespinstmotte (*Yponomeuta evonymellus*) verrichtet ihr zerstörerisches Werk. Im Raupenstadium ist sie ein hochgradiger Spezialist, der keine anderen Baumarten befällt. Auch die nächsten Nachbarn bleiben verschont und zeigen keine Spur eines Befalls; eher würden die Raupen verhungern, als sie anzuknabbern. Ein Schlaraffenland für raupenfressende Vögel, würde man meinen, ein Nahrungsparadies ohnegleichen. Dem ist jedoch nicht so. Die Blätter der Traubenkirsche enthalten ein übel riechendes Öl, das zwar als Abwehrstoff dienen soll, den spezialisierten Gespinstmottenraupen jedoch nichts ausmacht. Die Raupen nehmen die Schutzstoffe beim Fressen auf und speichern sie in ihrem Körper. Auf diese Art präparierte Raupen verschmäht jeder Singvogel, der sie einmal gekostet hat.

Dort, wo sich die regelmäßigen Überflutungen nicht mehr direkt auswirken, wo der Fluss auf den ersten Blick keinen Einfluss mehr zu haben scheint und der hohe Nährstoffeintrag nicht mehr hinreicht, liegt die Grenze zur Hartholzau. Es sind überwiegend langsam wachsende Harthölzer, die diesen Waldtyp prägen: Eschen, Ulmen, Ahorn, Eichen und zahlreiche weitere. Durch unzählige Überschwemmungen wird in der Weichen Au im Laufe der Zeit immer wieder Sediment eingebracht und abgelagert, der Boden steigt an und die Verbindung zum Grundwasser wird geringer. So wird eine Entwicklung eingeleitet, die nach Jahrzehnten oder Jahrhunderten als Folge der Sukzession von der Weichen zur Harten Au führt. Die Harte Au bildet eine sogenannte „Endgesellschaft", die in ihrer Zusammensetzung ohne menschliche Eingriffe über lange Zeit erhalten bleiben kann.

Die Hartholzau unterscheidet sich durch eine viel höhere Artenzahl ihrer Bäume von allen anderen Laubwäldern Europas. Durch die besonderen Wasser- und Bodenverhältnisse wird den verschiedenen Bäumen ein vielseitiger und abwechslungsreicher Lebensraum geboten, so dass wir hier schließlich mehr als fünfzig Gehölzarten vorfinden. Ulmen gehören zu den charakteristischsten unter ihnen. Berg-, Feld- und Flatterulme setzen sich sowohl auf feuchten als auch trockeneren Böden der Hartholzau durch. Die Vitalität der bis zu vierzig Meter hohen Feldulme beruht vor allem auf der Fähigkeit, Wurzelsprosse und Stockausschlag (Ausbildung von neuen, zusätzlichen Seitensprossen an den Stümpfen von Gehölzen) zu bilden, mit deren Hilfe feuchte und dichte Böden erobert werden. Den anderen beiden Ulmenarten fehlt die Fähigkeit der Wurzelsprossbildung. Seit den zwanziger Jahren unseres Jahrhunderts stehen die Feldulmen in vielen Gebieten unter besonderem Druck: Ein „Ulmensterben" nimmt immer größere Ausmaße an, entwickelt sich zu einer wahren Naturkatastrophe und bedroht vielerorts die Existenz dieser Baumart. Verantwortlich dafür ist der Pilz *Ceratocystis ulmi*, wobei nicht auszuschließen ist, dass der sinkende Grundwasserspiegel und weitere Umweltveränderungen die Ulmen zusätzlich geschwächt haben.

Die Esche gehört zu den wirtschaftlich wichtigsten Harthölzern des Auwaldes. Ihr weißrosa Holz lässt sich gut verarbeiten und ist wegen seiner Qualität sehr begehrt. Eschen wachsen zusammen mit Pappeln und Erlen bereits sehr früh in der Sukzession eines Auwaldes. Sie produzieren reichlich Samen, die rasch keimen und gegen sommerliche Trockenperioden recht widerstandsfähig sind, ein wesentlicher Konkurrenzvorteil anderen Bäumen gegenüber. In dieser

Phase vertragen Eschen viel Schatten, verlangen aber mit zunehmendem Alter und Größe immer mehr Licht.

Auch die imposanten und sehr alt werdenden Eichen mit ihren gelappten Blättern und runden Eicheln, weiters Linden, Hainbuchen, Birken, Ahorn, Wal- und Schwarznuss, Trauben- und Vogelkirschen und zahlreiche weitere Baum- und Straucharten sind am Aufbau der Harten Au beteiligt. Durch die Vielfalt der Gehölzarten ist hier ein stark gegliederter Lebensraum entstanden, der eine der reichhaltigsten Vogelfaunen in Mitteleuropa beherbergt.

Die Grenzen der Harten und der Weichen Au sind in unseren Breiten nur noch selten deutlich zu erkennen. In Mitteleuropa gibt es kaum noch Flüsse, die ihre natürliche Dynamik ungehindert entfalten können. Hochwässer und Überflutungen sind durch Flussregulierungen und Staustufen beeinflusst und folgen nicht mehr dem natürlichen Überschwemmungszyklus. Auch die zum Teil intensive Bewirtschaftung mancher Auen in den letzten Jahrhunderten wandelte das ursprüngliche Waldbild weitestgehend ab. Nur in wenigen Gebieten Europas fällt noch eine Grenze zwischen der Weichen und Harten Au auf, die die Reichweite der Überschwemmungen anzeigt. Außerdem halten sich manche Bäume, wie die Natur allgemein, nicht so streng an ökologische Regeln, wie es in unseren Lehrbüchern steht. So verirren sich durchaus Eichen und andere Harthölzer in flussnahe Bereiche, die immer wieder längeren Überflutungen ausgesetzt sind, und fühlen sich dabei sogar offensichtlich wohl.

Vom Fluss ausgehend, können wir – wenn der Mensch diese Abläufe nicht unterbricht – einer Entwicklungsgeschichte folgen, die räumlich und zeitlich sämtliche Abfolgeprozesse dieses Lebensraumes vor Augen führt. Von einer gerade entstandenen kahlen Geschiebeinsel oder Sandbank über Bereiche mit frischen Weidentrieben, gefolgt von Pappeln und Erlen, bis in die stolzen Eichen- und Ulmenwälder – so verlaufen seit Urzeiten die natürlichen Sukzessionen der flussbegleitenden Vegetation.

Der Plattbauch (Libellula depressa) ist im Frühjahr eine der ersten Libellenarten an unseren Gewässern. Ragt an geeigneter Stelle ein Ast herüber, wird er rasch von einem Männchen besetzt. Von hier aus startet es seine Jagdflüge und wartet auf Weibchen. Die Paarung in der Luft dauert weniger als eine Minute, oft nur einige Sekunden.

Weiden und Pappeln in der Weichen Au. Die verschiedenartigen Grüntöne, die eine Au für den Besucher so anziehend machen, sind allesamt Erscheinungsformen des wohl wichtigsten Farbstoffes der Natur, des Chlorophylls. Es vollbringt in den Blättern der Pflanzen das Wunder, mit Hilfe des Sonnenlichts Photosynthese zu betreiben.

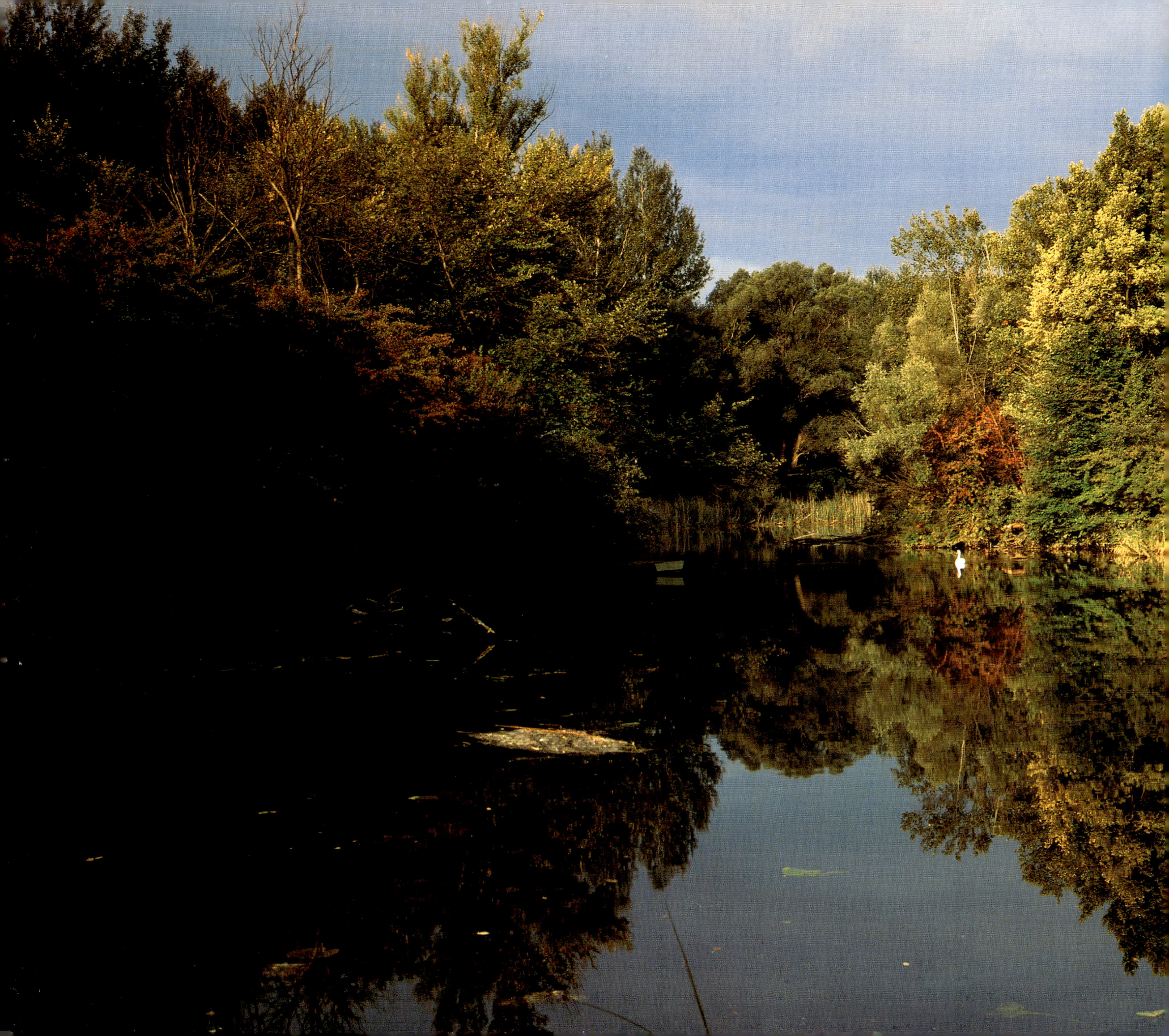

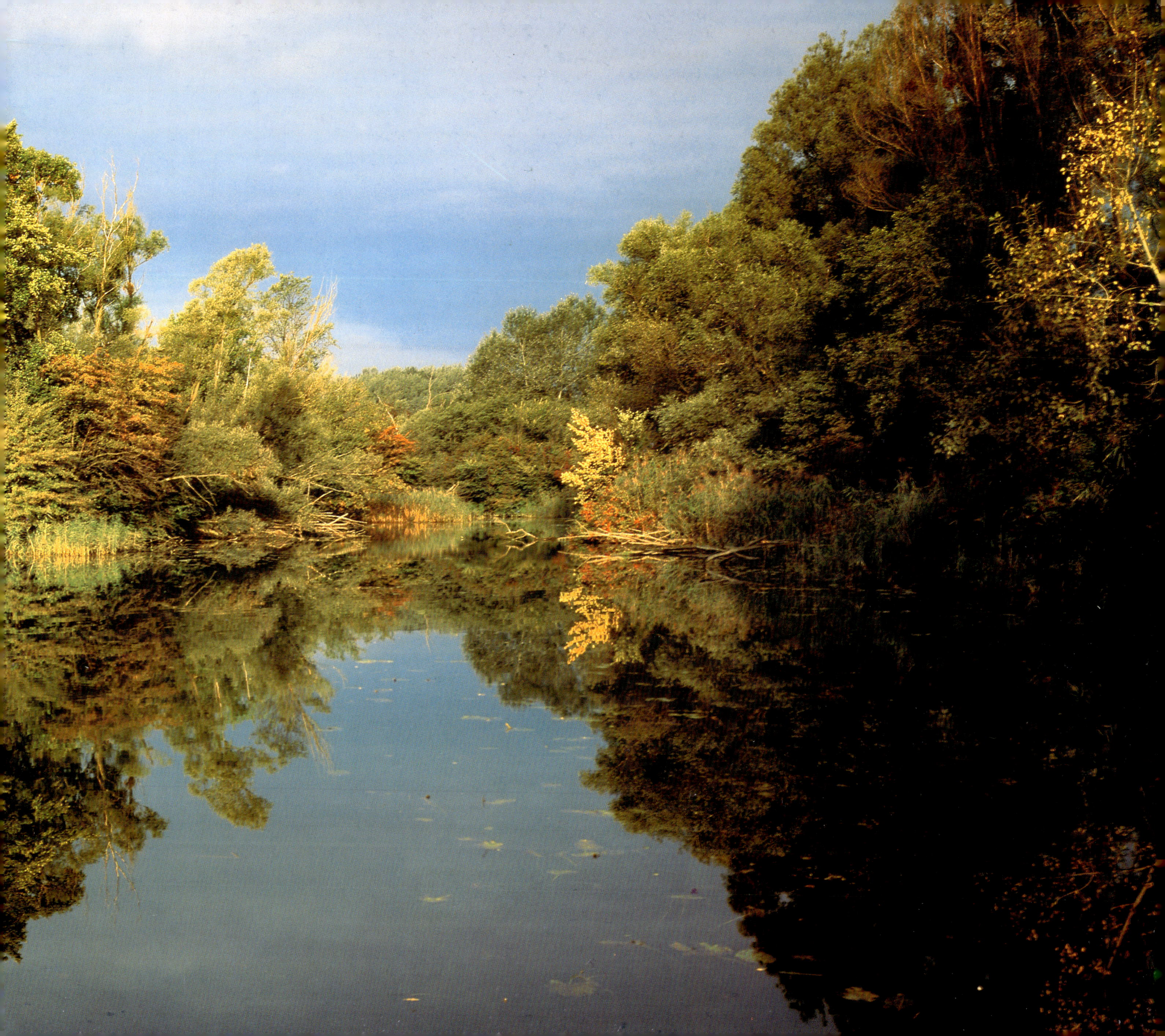

Vorhergehende Doppelseite: Stille Seitenarme sind ein Produkt der Dynamik des Flusses. Durch Hochwasser und Verschiebungen des Wasserlaufes abgeschnitten, bilden sie im Laufe der Zeit eine eigene kleine Welt mit Arten, die sich von jenen im Fließgewässer stark unterscheiden.

Schilfbestände, krautbewachsene Uferböschungen, feuchte Wiesen, aber auch trockene Heißländen werden von verschiedenen Arten Heuschrecken besiedelt.

Bewohner der Au

Tiere und Pflanzen des Auwaldes stehen in vielfältigen Beziehungen zueinander. Dieses höchst komplexe Gefüge mit all seinen Verflechtungen und Verkettungen ist für uns nicht vollständig erfassbar. Kaum eine Tiergruppe fehlt hier, von den nur unter dem Mikroskop sichtbaren Winzlingen wie Rädertierchen über Fische, Amphibien, Reptilien und Vögel bis zu Säugetieren der Größe eines Hirsches. Vom feinsten Zwischenraum einer Sandbank, dem Schlamm auf dem Grund eines Waldtümpels über das freie Wasser des Hauptstromes bis in die höchsten Wipfel einer fünfhundertjährigen Eiche, jeder Raum wird besiedelt und genutzt.

Insekten und ihre Larven sind an nahezu jeder Stelle der Au zu finden. Ihr Vorhandensein auf einer der untersten Stufen der Nahrungspyramide ist ein Garant für die Entfaltung der restlichen Tierwelt. Die Artenfülle der Insektenfauna ist kaum zu überblicken. Auf Sand- und Kiesbänken, im trockenen Gebiet der Heißlände oder im feuchten Grün des Waldes, überall wimmelt es von Käfern, Schmetterlingen, Fliegen und unzähligen weiteren Kerbtieren.

Jeder dumme Junge kann einen Käfer zertreten.
Aber alle Professoren der Welt können keinen herstellen.
Arthur Schopenhauer

Ein Glück für den Besucher, dass Zuckmücken nicht stechen, denn dann wäre ein Besuch der Au bei dieser Artenfülle kaum möglich. Das Stechen besorgen die Weibchen der zwar wesentlich artenärmeren, jedoch umso lästigeren Stechmücken. Hinter dem zoologischen Namen *Culex pipiens* verstecken sich wahre Plagegeister. Allein schon deren Existenz stellt einen frommen Naturfreund vor die Frage, was sich der liebe Gott bei ihrer Erschaffung wohl gedacht hat? Zu hunderten umkreisen sie – zusammen mit den ebenfalls stechenden Bremsen und verschiedenen lästigen Fliegen – ihre Opfer und suchen unaufhörlich nach einem Stückchen Haut. Dem permanenten Angriff kann man nur durch wirkungsvolle Insektensprays, ein Moskitonetz und Bedecken der Haut begegnen oder – wenn dies auch nicht hilft – durch raschen Rückzug. Feuchtigkeit liebende Insektenarten, vor allem Laufkäfer und Kurzflügler besiedeln in großer Zahl die Zwischenräume der Kiesbänke. Räuberische Insektenlarven bewohnen den Gewässergrund. Der Trockenstandort der Heißlände hat ebenfalls seine charakteristische Fauna mit vielen Schmetterlingen wie Widderchen und Bläulingen. Auf den Heißländen geht auch die ebenso seltene wie seltsame Gottesanbeterin auf die Jagd. Die Fangarme eingeklappt, ähnelt sie einem Menschen, der die Hände zum Gebet erhebt – daher ihr Name. Bewegungslos harrt sie ihrer Opfer. Vorüberfliegende Insekten werden von den vorschießenden Fangarmen ergriffen und zwischen den Dornenreihen zerquetscht. Gefährdet sind auch die Männchen, die manchmal noch während der Begattung, beim Kopf beginnend, verschlungen werden. Weibchen decken so ihren erhöhten Eiweißbedarf während der Eiproduktion. Was uns Menschen grausam anmutet, ist sinnvolle Strategie der Natur, die dem Fortbestand der Art dient. Töten um des Tötens willen ist im Tierreich unbekannt.

Die lebenden und abgestorbenen Stämme des Auwaldes sind Heimat der verschiedenen Käferarten, von denen manche, so der imposante Weberbock, am Rand der Ausrottung stehen. Borkenkäfer, Prachtkäfer, Bockkäfer, Laufkäfer, Bunt- und Stutzkäfer sind nur einige der riesigen Käfergemeinschaft, die eine reichhaltige Nahrungsgrundlage für Amphibien, Vögel und manche Säugetiere bietet. Mehrere Familien der Wasserkäfer besiedeln in hoher Artenzahl die Altarme und Tümpel der Au.

Besonders eng an das Wasser gebunden sind die Libellen, perfekte Flieger und gefürchtete Räuber mit riesigen Facettenaugen. Bis zu fünfzig Arten dieser Flugkünstler sind in der Au anzutreffen. Nicht nur einzeln, auch bei der Paarung kann man die Libellen oft beobachten. Sie schließen sich dann zu einem „Tandem" zusammen oder bilden ein „Paarungsrad". Die Larven entwickeln sich im Wasser, an Pflanzen und am Substrat der Bachsohle. Mit verhältnismäßig riesigen Greifzangen ausgestattet, stellen sie Larven anderer Insekten oder Amphibien nach. Aus der Larve wird bald eine farbenprächtige „Wasserjungfer", die den Rest ihres Lebens am Wasser leben und jagen wird.

Reichhaltig ist auch die Welt der Krebstiere. Dazu zählen in der Au weniger die Flusskrebse als vielmehr eine ganze Reihe kleiner, freischwimmender Krebschen (wie etwa die Wasserflöhe), die als Plankton einen wesentlichen Nahrungsbestandteil für Fische und ihre Brut bilden.

Für Süßwasserschnecken und auch Muscheln sind Flussaltarme von existenzieller Bedeutung. Durch die negativen Umwelteinflüsse haben sich ihre Lebensbedingungen in den letzten Jahrzehnten alarmierend verschlechtert. Etwa die Hälfte aller Weichtiere unserer Gewässer sind vom Aussterben bedroht, wenn nicht rasch Maßnahmen zur Verbesserung der Situation ergriffen werden. Neben den Wasserschnecken leben eine Vielzahl von Landschnecken in den feuchten Augebieten. Kleine Gehäuseschnecken kriechen in großen Scharen an Büschen empor und halten einen sommerlichen Dämmerschlaf. Unsere Großmuscheln, früher unter der poetischen Bezeichnung „Najaden" bekannt, bevölkerten einst dicht an dicht den verschlammten Gewässergrund. Auch sie reagieren als empfindliche Bioindikatoren sehr rasch auf Umweltveränderungen; leere Muschel-

Ein Grasfroschweibchen kann – je nach seiner Größe – 1000 bis 4000 Eier, die in einem Laichballen abgelegt werden, produzieren. Die Gallerthülle der Eier, die eine wichtige Schutzfunktion erfüllt, quillt im Wasser auf. Erst dadurch erreichen die Laichballen ihre volle Größe.

schalen zeugen vielerorts von der einstigen Fülle dieser „Wassernymphen".

Die Reptilienfauna der Auen ist eher artenarm. Die in ganz Europa verbreitete und durchaus häufige Ringelnatter schlängelt, noch etwas träge von der nächtlichen Kühle, bereits zeitig am Morgen durch ruhige Gewässer. Sie kriecht durch die dichte Vegetation, auf Bäume und Sträucher, immer auf der Suche nach ihrer Lieblingsspeise, den Fröschen. In Südosteuropa und Italien begegnet man in der Au auch der Würfelnatter. Stundenlang verharrt sie zwischen Steinen und Pflanzen im Wasser, steckt nur ab und zu ihr Köpfchen heraus, um nach Luft zu schnappen. Der aufmerksame Beobachter stößt im Uferbereich manchmal auch auf die „exotischste" Reptilienart unserer Auen: die Sumpfschildkröte. Sie ist in weiten Teilen Süd- und Osteuropas beheimatet, vereinzelte Bestände nördlich der Alpen gehen vermutlich auf Einbürgerungen zurück. Ausgiebig sonnt sie sich auf Totholz oder Steinen der Gewässerufer, um dann, geräuschlos ins Wasser gleitend, Jagd auf kleine Fische, Frösche, Würmer oder Krebschen zu machen. Die Trockenstandorte der Heißlände werden auch von Eidechsen bewohnt.

Reiche Nahrung wie Schnecken, Insekten, Krebstiere und Fische sowie geeignete Brut- und Aufzuchtplätze für ihre Jungen haben in der Au eine buntgefächerte Vogelfauna angezogen. So wurden in vielen Auwäldern mehr als 160 Vogelarten festgestellt, ein für mitteleuropäische Verhältnisse ansehnlicher Artenreichtum und ein absoluter Rekord unter unseren Wirbeltieren. Das dichte Blattwerk, das

Gestrüpp der Äste und der Schilfgürtel bieten unzählige Versteckmöglichkeiten und Nistplätze. Entsprechend reichhaltig sind dann auch die Lebensstrategien der Vögel: Dickichtbewohner, Seichtflächenwater, Schwimmblattläufer, Stelzer, Schwimmer, Tauch-, Sturz- und Greiffischer, Schnappjäger, Sumpfstocherer und Luftjäger teilen sich den Lebensraum und die Ressourcen, ohne dass unter ihnen eine allzu starke Konkurrenz aufkommt.

Grasfrösche (Rana temporaria) sind Frühlaicher und erscheinen – mit Ausnahme der Springfrösche – meist als erste in den Tümpeln. Sie sind kälteadaptiert, auch Wanderungen über ausgedehnte Schneefelder machen ihnen nichts aus.

Mit diesen recht unterschiedlichen Lebensweisen und Jagdstrategien können sie alle nebeneinander existieren.

Teich- und Drosselrohrsänger haben das Röhricht als sichersten Platz für ihre Nester auserkoren, Hängenester, die kunstvoll mit den Schilfblättern verflochten sind. Beide Vögel ziehen im Winter in den Süden. Ebenfalls im Schilf legen Bläss- und Teichhühner ihre hohen Nestburgen an, die sie gegen Eindringlinge jeglicher Art verteidigen. Das aus Wasserpflanzen gefertigte Nest des Haubentauchers schwimmt frei im Wasser. Taucherjunge können vom ersten Tag an schwimmen, lassen sich aber noch gern auf dem Rücken der Elterntiere spazieren tragen. Das Tauchen erlernen sie erst später; anfangs werden sie unter den Flügeldecken der Eltern mit in die Tiefe genommen.

Für den Besucher der Au sind die vielen Enten am augenfälligsten. Hoch aus dem Wasser ragende Schwimmenten wie Stockente, Schnatterente, Pfeifente, Krick- und Knäckente, tiefer liegende Tauchenten wie Tafelente, Reiherente und einige mehr durchziehen Schilf und offenes Wasser. Auch Gänse wie Saat- und Graugans sowie die Blässgänse sind als Wintergäste anzutreffen.

Kies- und Sandbänke sind bevorzugte Brutplätze für Flussuferläufer, Lachmöwen, Fluss- und Zwergseeschwalben. Zwischen den häufig großen Kolonien der Lachmöwen brüten regelmäßig einzelne Paare von Schwarzkopfmöwen. Im seichten Wasser staksen langbeinige Reiher und halten nach Fischen, Amphibien und Wasserinsekten Ausschau. Ist die Beute in greifbarer Nähe, stößt der dolchartige Schnabel schnell zu. Der Graureiher ist sicher die häufigste Reiherart an unseren Fließgewässern. Oft brütet er – zusammen mit Kormoranen – in Kolonien auf hohen Bäumen. Kormorane kommen an einigen Stellen im Donauraum das ganze Jahr hindurch vor, zur Überwinterung finden sich manche Kolonien auch am Oberrhein ein. Durch den scharfen Kot sterben die Horstbäume nach einigen Jahren ab. Die kahlen weißen Baumreste ergeben mit den Scharen der schwarzen Vögel ein eindrucksvolles Bild. Stundenlang sitzen sie in der Sonne, um ihr Gefieder trocknen zu lassen. Sie tauchen Fische aus dem Wasser und werden dabei im Gegensatz zu anderen Unterwasserjägern „bis auf die Haut" nass. Da sie ihr Gefieder nicht einfetten können, sind sie auf zeitraubende Lufttrocknung angewiesen.

Ein anderer imposanter Vogel der Au ist der scheue Schwarzstorch. Durch Lebensraumzerstörung und forstliche Maßnahmen ist er recht selten geworden, doch erholen sich die Bestände seit einigen Jahren in manchen Gebieten wieder und breiten sich Richtung Westen aus. Der Schwarzstorch ist ein Waldbewohner, der – wie sein „weißer

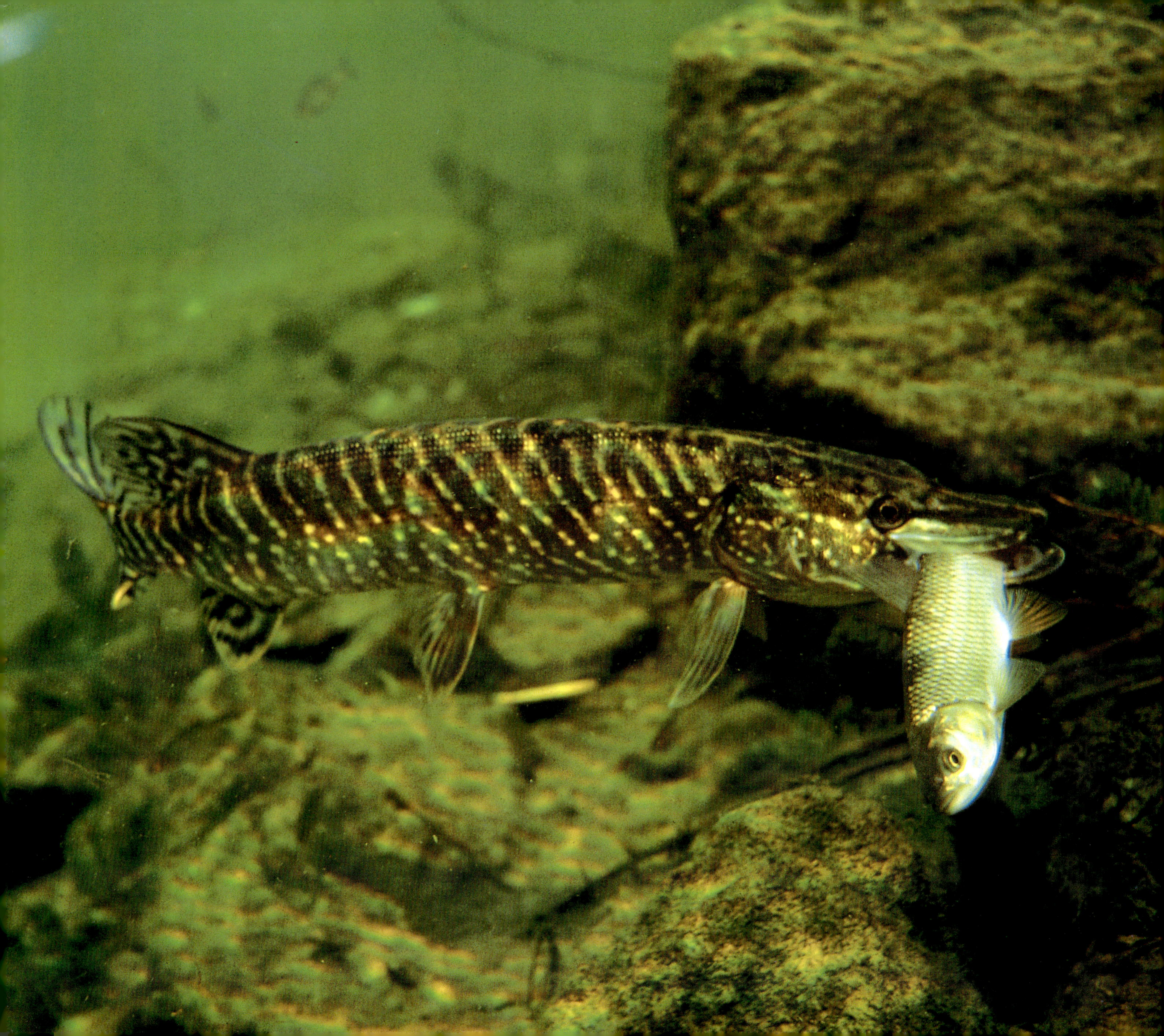

Der Hecht ist nach dem Wels der mächtigste Raubfisch in Augewässern. Große Exemplare – Weibchen können 150 Zentimeter lang werden – überwältigen sogar kleine Säuger und Vögel.

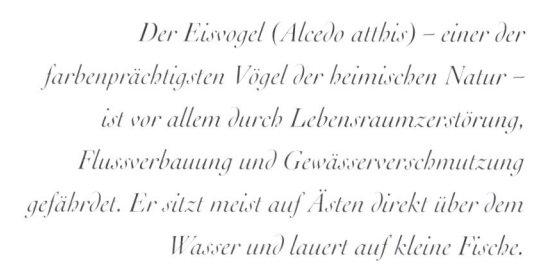

Der Eisvogel (Alcedo atthis) – einer der farbenprächtigsten Vögel der heimischen Natur – ist vor allem durch Lebensraumzerstörung, Flussverbauung und Gewässerverschmutzung gefährdet. Er sitzt meist auf Ästen direkt über dem Wasser und lauert auf kleine Fische.

Stare (Sturnus vulgaris) sind sehr gesellig. Man sieht sie außerhalb der Brutzeit oft in großen Schwärmen über offenem Kulturland. Zum Brüten suchen sie auch die Randbereiche von Auwäldern auf.

An besonnten Stellen kann sich die Krautschicht der Au prächtig entwickeln. Das ist das Refugium vieler Laubheuschrecken, die in der intensiv bewirtschafteten Landschaft keinen geeigneten Lebensraum mehr finden. Viele einst häufige Arten sind stark im Rückgang begriffen und hochgradig gefährdet.

Bruder" – den Winter in Afrika verbringt.

Besonders in den frühen Morgenstunden ertönt im Auwald und auf den Schotterinseln das erste laute Vogelkonzert. Gerade noch lässt sich der Gesang der Nachtigall ausmachen, dann erobern sich jene, die den neuen Tag begrüßen, das Terrain: Gelbspötter, Schwarzkehlchen, Weißsterniges Blaukehlchen, Mönchs- und Dorngrasmücke, Blau- und Weidenmeise… Die Hartholzau beherbergt als Wald schließlich die artenreichste Vogelfauna Mitteleuropas. Der Fischadler flog einst auf seinem Zug, wenn auch nur als Gast, in großer Zahl über die Auen. Er ist auf klare, fischreiche Gewässer angewiesen. Mit seinen stachelbewehrten Zehen, die besonders lange Krallen tragen, stößt er fast senkrecht nach seiner Beute in die Tiefe. Diese Jagdangriffe sind so heftig, dass er für kurze Zeit vollständig im Wasser untertaucht. Der mächtige Seeadler überwintert im Gegensatz zum Fischadler im Auwald. Doch nur mit sehr viel Glück kann er hier angetroffen werden, ist er doch in Mitteleuropa größtenteils ausgerottet.

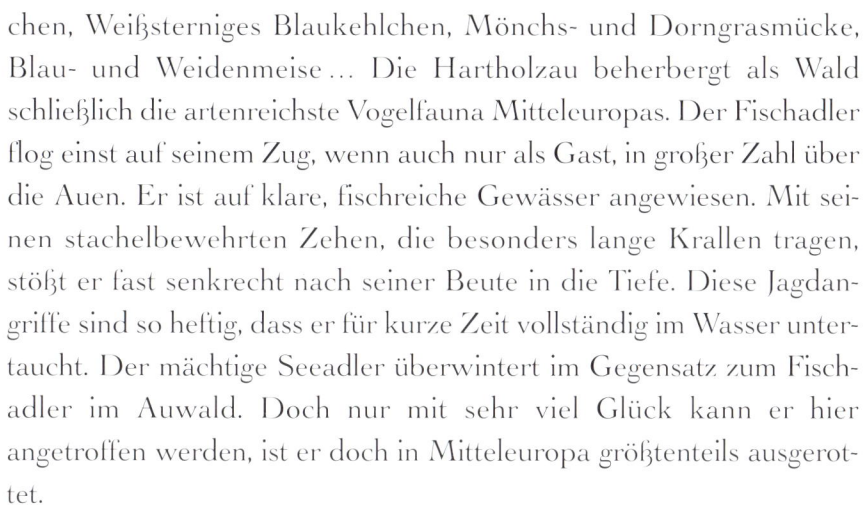

Dort, wo der Fluss steile Uferböschungen geschaffen hat, gräbt der blau schimmernde Eisvogel seine Höhle, ein exotisch anmutendes Juwel unter den heimischen Vögeln. Er braucht Steilabfälle als Brutwände, daher treffen ihn wasserbauliche Maßnahmen, die seinen Lebensraum zerstören, besonders hart. Als Ansitzjäger stößt er aus großer Höhe wie ein Pfeil ins Wasser hinab und holt sich kleinere Fische heraus.

Die Liste der Vögel wäre beliebig fortzusetzen. Viele von ihnen sind ständige Gäste der Auen, andere sind lediglich zu bestimmten Jahreszeiten anzutreffen. Vor allem die Fülle von Brutvögeln – sowohl Arten als auch Einzeltiere – spiegelt die Strukturvielfalt und das reichhaltige Nahrungsangebot des von ihnen erwählten Lebensraumes wider. Die natürliche Vielfalt der Auen haben die Flussläufe außerdem zu gern frequentierten Zugstraßen vieler Vogelarten werden lassen. Hier finden sie ausreichend Nahrung und Rastplätze auf ihrer Reise in den Süden oder Norden.

Der Luftraum wird in der Nacht, wenn mit Ausnahme der Eulen die meisten Vögel Nachtruhe halten, durch die bedrohten Fledermäuse beansprucht. Mit einem vollkommenen „Radarsystem" ausgestattet, beherrschen sie auf der Jagd nach Insekten uneingeschränkt das Reich der Dunkelheit. Nahezu alle heimischen Fledermausarten sind im Auwald anzutreffen. Unter ihnen bevorzugt besonders die Wasserfledermaus gewässernahe Lebensräume. Sie fliegt schon bald nach Sonnenuntergang dicht über der Wasseroberfläche der Altarme und jagt im Flug Köcher- und Steinfliegen sowie am Wasser lebende Käfer.

Auch das Leben einiger weiterer Säugetiere ist eng an das Wasser und den Auwald gebunden. Im Laufe der Evolution haben sie sich an das Wasserleben angepasst und sind zu ausgezeichneten Schwimmern und Tauchern geworden. Schwimmhäute haben sich gebildet, Ohren, Augen und Nasenlöcher können bei manchen verschlossen werden. Biber, Fischotter und Bisam sind die auffälligsten unter ihnen. Aber auch kleinere und selten zu beobachtende Säuger graben und wühlen am Rand der Gewässer. Die stimmfreudigen Spitzmäuse, die sehr laute, zwitschernde und quietschende Geräusche von sich geben, graben ihre Gänge direkt im Uferbereich, wobei ein Ausgang stets unter

Die Lebensgemeinschaft und Vegetation der trockenen Heißländern scheint nicht so richtig zum feuchten Auwald zu passen.

Spinnen sind in Auen sowohl im dichten Wald als auch am Waldrand, auf Lichtungen, Feuchtwiesen und Heißländen in großer Anzahl zu finden.

Die Zebra- oder Wespenspinne (Agriope bruenichi) ist in Auwäldern und Feuchtgebieten eine der auffälligsten Arten. Sie stammt ursprünglich aus dem Mittelmeerraum. Den verdickten, zickzackförmigen Fäden wird eine stabilisierende Wirkung auf das Netz zugeschrieben.

Wasser liegt. Sie schwimmen und tauchen überraschend gut.

Vor einigen Jahrhunderten waren die meisten Gewässer Europas – so auch jene der Auen – vom Fischotter besiedelt. Bereits in der Steinzeit wurde er wegen seines wertvollen Pelzes und seines Fleisches gejagt. Doch im Laufe der Zeit entartete das „normale" Bejagen dieses Tieres zu einer hasserfüllten Hetzjagd, die wir uns heute, im Zeitalter einer gewissen Sensibilisierung hinsichtlich Tierquälerei, nicht mehr vorstellen können. Um die Fischgewässer vom Otter frei zu halten, wurden seit dem Mittelalter ausgebildete Otterjäger eingesetzt. Das Mittelalter dauerte in dieser Hinsicht allerdings bis in unser Jahrhundert. Otterwelpen wurden lebend aufgespießt, um ihre Mütter anzulocken. Ein regelrechter Vernichtungsfeldzug mit brutalen Tötungsmitteln wurde geführt, bis der Fischotter am Rand der Ausrottung stand. Erst zu spät stellte man den vermeintlichen Feind in den meisten Ländern unter Schutz, seine Bestände sind daher weiterhin gefährdet. Die überall häufige Bisamratte ist ein erfolgreicher Importneuling. Der aus Nordamerika stammende Nager wurde 1905 bei Prag ausgesetzt und verbreitete sich rasch über große Teile Europas. Die scheuen Tiere entfalten ihre Aktivität vorwiegend in der Dämmerung und Nacht. In dicht bewachsenen Altarmen der Au sind manchmal ihre Schwimmkanäle zu sehen, die sie durch das dichte Geflecht der Unterwasservegetation fressen. Im Winter können sie sogar unter der Eisdecke schwimmend beobachtet werden.

Zeitig im Frühjahr führen Wildschweine ihre Frischlinge durch den Wald, häufiger noch stößt man auf ihre tiefen Wühlspuren, die sie auf der Suche nach Eicheln, Wurzeln und Würmern in den weichen Boden treiben. Auwälder stellten früher die Zentren ihrer Verbreitung dar, seit diese aber immer seltener geworden sind, besiedeln sie auch alle anderen Waldtypen. Ähnlich verhält es sich mit dem Rothirsch, der einst im Auwald die besten Bedingungen vorfand. Das imposante Röhren während der Brunft erfüllte zwischen Ende September und Mitte Oktober den Wald, begleitet von heftigen Kämpfen der Platzhirsche, die ihre Rudel gegen eindringende Konkurrenten verteidigten. Nur wenige Rotwildpopulationen sind den europäischen Auen erhalten geblieben. Häufiger sieht man noch Rehe. Sie sind – bedingt durch die von der Jägerschaft hoch gehaltenen Bestände – zu einer ernsthaften Bedrohung für den Wald geworden. Nirgendwo sonst in der Natur erreichen Rehe so hohe Dichten wie in durch Menschen beeinflussten Lebensräumen, Dichten, bei denen eine natürliche Verjüngung des Waldes kaum mehr möglich ist.

Der Wildreichtum der Donau- und Marchauen östlich von Wien war einst legendär. Nicht umsonst waren sie beliebte Jagdreviere des Wiener Adels, wovon heute noch etliche in der Gegend verstreute Jagdschlösser zeugen. Kronprinz Rudolf drückte seine Begeisterung für dieses Tierparadies seinerzeit so aus: „Die Donauauen sind eine Welt für sich, und wer nur die Wälder, Gebirge und die Ebenen Niederösterreichs kennt, ahnt nicht, dass in unmittelbarer Nähe der Weltstadt eine noch recht einsame und ganz für sich charakteristische Wildnis besteht." Heute würde er staunen, wie viel (oder vielmehr wie wenig) von dieser einsamen und charakteristischen Wildnis noch übrig ist.

*Die Flugkünste der Blaugrünen Mosaikjungfer
(Aeshna cyanea) über dem Gewässerrand zu beobachten, ist
aufregend, sie zu fotografieren, aber eher nervenaufreibend.
Blitzschnell starten die Libellen nach kurzen
Schwebephasen neue Flugmanöver.*

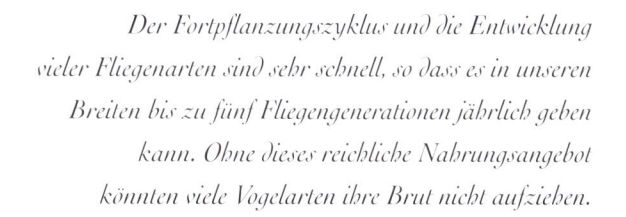

*Der Fortpflanzungszyklus und die Entwicklung
vieler Fliegenarten sind sehr schnell, so dass es in unseren
Breiten bis zu fünf Fliegengenerationen jährlich geben
kann. Ohne dieses reichliche Nahrungsangebot
könnten viele Vogelarten ihre Brut nicht aufziehen.*

*Das Landkärtchen (Araschnia levana)
fliegt in zwei Generationen jährlich bevorzugt
in schattigen, feuchten Wäldern. Die Eier
werden an Brennnesseln abgelegt, von denen
sich auch die Raupen ernähren.*

*Oft kauert der Graureiher (Ardea cinerea) lange Zeit
hindurch bewegungslos im Schilf oder am Gewässerufer,
durch seine graue Färbung nur schwer zu erkennen.
Bei der Jagd stolziert er durchs Seichtwasser und stößt
mit seinem dolchartigen Schnabel gezielt nach Beute.
Seine Lieblingsspeise sind Fische, was ihm nicht selten
den Unmut der Fischer eingebracht hat.*

Obwohl durch sein weißes Gefieder viel auffälliger als der Graureiher, ist der Silberreiher (Casmerodius albus) eher selten zu sehen. Er brütet meistens versteckt im Schilf.

Von den Bläulingen, einer großen Familie der Tagfalter, kommen bei uns mehr als fünfzig zum Teil schwer unterscheidbare Arten vor. Manche dieser eifrigen Blütenbesucher bilden Schlafgemeinschaften: sie übernachten kopfüber an der Vegetation.

Das Schwarzkehlchen (Saxicola torquata) ist vor allem in warmen Randbereichen der Au und in offenen Landschaften zu finden.

*Weniger reiherartig sieht die gedrungene Gestalt des Nachtreihers
(Nycticorax nycticorax) aus. Er liebt Flussauen mit vielen Altarmen und
dschungelartiger Vegetation, führt ein verstecktes Leben in Bäumen und
Büschen und fliegt erst in der Dämmerung zu seinen Nahrungsplätzen.*

*Hirsche sind die größten Tiere der Auwälder.
Ihr Anblick am Ufer eines Gewässers ist heute
leider ein eher seltenes Ereignis.*

*Rotfüchse (Vulpes vulpes) sind vor
allem in der Dämmerung und nachts im
Wald unterwegs, doch gelegentlich verlassen
sie auch tagsüber ihre Erdbauten.*

Wildschweine (Sus scrofa) können – wie die anderen Paarhufer des Auwaldes auch – gut schwimmen. Das Suhlen im Schlamm gehört zu ihren Lieblingsbeschäftigungen. .

Der Feldhase (Lepus europaeus) bevorzugt offene Landschaften, nutzt aber ebenso Auwälder und Sumpfgebiete. Im Herbst kann man die Keilereien der Männchen um die Weibchen beobachten.

Frischlinge durchstreifen unter Obhut der Bache das Dickicht der Au. Nur gelegentlich werden sie von den großen Keilern begleitet. Die massigen Tiere sind eher scheu, aber ihre Spuren im Erdreich, wo sie den Untergrud nach Fressbarem durchwühlt haben, sind nicht zu übersehen.

Das Reh (Capreolus capreolus) ist die kleinste europäische Hirschart. Es ist ein Kulturfolger, hält sich aber auch gern in Auwäldern auf.

Die Zerstörung von Feuchtgebieten zieht einen Rückgang der Artenvielfalt nach sich. Der Storch findet für sich und seinen Nachwuchs immer weniger Nahrung.

Hirsche können nicht nur ausdauernd laufen, über kürzere Strecken galoppieren und weit und hoch springen, sondern auch schwimmen. Zur Körperpflege nehmen sie Schlammbäder in sogenannten Suhlen.

Der Schwarzstorch (Ciconia nigra) ist im Gegensatz zu seinem viel häufigeren Verwandten ein Bewohner des Waldes. Augewässer, feuchte Wiesen und kleine Bäche bieten dem bei uns sehr selten gewordenen Vogel noch ausreichend Nahrung: Fische, Frösche, Molche, Schnecken, Wasserinsekten und manchmal auch Kleinsäuger.

Schilfbestände sind wichtige Lebensräume und Brutplätze für unzählige Tierarten. Auch im Schilfgürtel der Augewässer brodelt es von Leben. Verpaarte Federlibellen (Platycnemis pennipes) ruhen auf einem geknickten Halm.

Ein Juwel in der heimischen Vogelwelt: der Eisvogel. Auwälder mit entsprechenden Steilufern, in denen er seine Brutröhren baut, gehören zu seinen bevorzugten Lebensräumen.

*Einst überall in europäischen Auen beheimatet,
später ausgerottet und heute vielerorts wieder angesiedelt:
der Biber (Castor fiber), der „Gärtner der Au".*

Der Biber: ein alter und neuer Gast

Frische, wie mit einem doppelklingigen Meißel herausgeschälte Holzspäne, die kleinen Schindeln gleichen, leuchten aus dem einheitlichen Braun und Grün des Bachufers. Ihr Gegenstück sind weithin sichtbare Bissspuren am Baumstamm: Diese Weide ist beinahe durchgenagt und vielleicht schon in der nächsten Nacht wird sie den scharfen Zähnen des einzigen richtigen Wasserbauers unserer heimischen Natur vollends zum Opfer fallen. Denn die Spuren deuten unverwechselbar auf einen Biber hin, der nach Jahrzehnten, in manchen Gebieten sogar nach Jahrhunderten unfreiwilliger Abwesenheit wieder in seine alte Heimat Mitteleuropa zurückgekehrt ist.

Das größte Nagetier Europas hat einst zu den charakteristischen Bewohnern der Auwälder gehört. Vom Mittelmeergebiet bis Norwegen soll es einst ungefähr hundert Millionen Tiere gegeben haben. Eine über Jahrhunderte anhaltende intensive Verfolgung durch den Menschen hat den Biber jedoch an den Rand der Ausrottung gebracht. Außer dem Pelz, der besonders begehrt war, wurden dem Biber die beiden Duftdrüsen zum Verhängnis, die ein moschusartiges Sekret enthalten. Es dient zum Markieren des Reviers und galt im Mittelalter als Allheilmittel gegen so ziemlich alle Krankheiten. Das Schlimmste allerdings, was einer Tierart widerfahren kann, ist die Verbreitung des Gerüchts, dass irgendein Organ, Teil oder Sekret seines Körpers potenzsteigernde Eigenschaften besitze. Solche Tiere – man denke nur an Nashörner – werden damit automatisch zu potenziellen Ausrottungskandidaten. Das unter dem vornehmen Namen „Castoreum" verbreitete Sekret des Bibers hieß im Volksmund einfach „Bibergeil" und das verrät auch alles über seine Bestimmung. Mit zunehmender Seltenheit der großen Nager stiegen die Preise des Bibergeils ins Absurde, bis der Biber zu Beginn des 20. Jahrhunderts praktisch verschwunden war. Der Preis des Bibergeils stand in direktem Verhältnis zur Leichtgläubigkeit seiner Käufer, was wohl auch für alle anderen angeblichen und meist völlig wirkungslosen Aphrodisiaka gilt.

Nicht zuletzt war der Biber als „Fastenspeise" beliebt – ein Beweis für den Einfallsreichtum des Menschen, mit dem unpopuläre Vorschriften der Kirche umgangen wurden. Da Fleisch an Fasttagen verboten war, wurde der Biber aufgrund seines abgeplatteten, beschuppten Schwanzes und seiner amphibischen Lebensweise kurzerhand zum Fisch erklärt. So berichtet ein Jesuitenpater im Jahre 1754: „Bezüglich seines Schwanzes ist er ganz Fisch, und er ist als solcher gerichtlich erklärt durch die Medizinische Fakultät in Paris, und im Verfolg dieser Erklärung hat die Theologische Fakultät entschieden, dass das Fleisch an Fasttagen gegessen werden darf." Durch die intensive Verfolgung war der Biber bereits im Mittelalter in England, im 16. Jahrhundert im Pogebiet, im 18. Jahrhundert in Österreich und den Niederlanden, im 19. Jahrhundert in Westfalen ausgerottet. Nur durch intensive Schutzmaßnahmen und Wiederansiedlungen hat der Biberbestand in Europa wieder zugenommen. Die meisten Bemühungen waren erfolgreich und der heutige Bestand in Mitteleuropa liegt wahrscheinlich bei über tausend Tieren. Bei Wanderungen durch die Au stößt man wieder häufiger auf seine Nagespuren und frisch gefällte Bäume.

Damit sich der Biber in seinem Lebensraum wohlfühlt, muss dieser einige Voraussetzungen erfüllen. Ein Gewässerverlauf mit abwechslungsreichem Ufer, das ausreichend Verstecke und genügend Futterplätze bietet, ist besonders wichtig. Vor allem die schnellwüchsigen weichholzigen Weiden und Pappeln gehören zu seinen Lieblingsspeisen, sind sie doch „von Natur aus" die Charakterarten der Auwälder. Ein erwachsener Biber „bearbeitet" etwa 4000 Kilogramm Holz

*Den dicksten Stamm durchnagt er glatt,
Klopft Lehm mit seinem Schwanze platt, Nichts wird
verschont, er stürzt und gräbt – Denn gut gewohnt
ist halb gelebt.   Eugen Roth*

Die kleine Bank für Angler hat wohl ausgedient: ein Biber hat sich ausgerechnet eine ihrer Stützen vorgenommen. Besonders im Winter ist er auf die Rinde junger Zweige als Nahrung angewiesen. Um an diese heranzukommen, bleibt ihm nichts anderes übrig, als ganze Bäume zu fällen.

im Jahr. Der Biber führt ein nach menschlichen Maßstäben vorbildliches Familienleben. Im Bau leben bis zu drei Generationen, wobei die „Bibereltern" ein ganzes Leben zusammenbleiben. Die Mutter trägt ihren Nachwuchs buchstäblich auf Händen: Sie hält das Junge mit ihren Vorderbeinen und läuft aufrecht gehend über Land. Die älteren Sprösslinge hingegen werden ziemlich unsanft aus dem Revier vertrieben, um für weiteren Nachwuchs Platz zu schaffen. Sie begeben sich auf Wanderschaft, um sich einen Partner zu suchen und ein eigenes Revier zu gründen.

Wer einen Biber beobachten möchte, sollte sich möglichst in der Dunkelheit auf die Lauer legen, denn diese Tiere sind überwiegend dämmerungs- und nachtaktiv. Vor allem im Herbst bricht in der Familie emsige Betriebsamkeit aus, weil der Bau winterfest gemacht werden muss. Wie auch wir Menschen bei kaltem und nassem Wetter nur ungern außer Haus gehen, bleibt der Biber im Winter ebenfalls wochenlang im Bau. Er hält jedoch keinen Winterschlaf.

Dort, wo Biber die Au wiederbesiedeln, braucht der Mensch nicht mehr viel zu gestalten, um der Landschaft ihr natürliches Aussehen zurückzugeben. Durch die gefällten Bäume entstehen neue Strukturen, die die Strömungsverhältnisse der Flüsse verändern. Sein Werk, das auf den ersten Blick zerstörerisch wirkt, zieht große ökologische Konsequenzen nach sich. Diese fallen im Unterschied zu menschlichen Aktivitäten jedoch durchaus positiv aus. Von ihrem Baumbestand „befreite" Flächen dienen Licht liebenden Arten als neues Siedlungsgebiet. Insekten wie Schmetterlinge und Kleinvögel profitieren von der veränderten Struktur der Landschaft. Auch dort, wo der Mensch für forstwirtschaftlich monotone Verhältnisse gesorgt hat, kann der Biber in einigen Jahren Abhilfe schaffen. Zahlreiche kleinere freie Flächen für neue Pflanzengesellschaften entstehen; der Rückstau der Biberdämme sorgt für Wasserstellen mit veränderten Strömungsverhältnissen, in denen wiederum eine besondere Kleinfauna ihren Lebensraum findet. Uferbereiche werden überschwemmt; standortfremde Bäume, die die Überschwemmung nicht vertragen, sterben ab – der Platz ist damit frei für Weiden und Pappeln als standorttypische Besiedler eines Gewässerufers. Der Biber wird zum „Gärtner" der Au und repariert das, was der Mensch verunstaltet hat.

Nachfolgende Doppelseite: Die Fließgewässer Mitteleuropas mit ihren Auen und Altarmen mussten – wie die Feuchtgebiete überhaupt – in den letzten 200 Jahren unzählige negative Veränderungen über sich ergehen lassen. Der Blick für die ursprüngliche, naturgegebene Schönheit eines Wasserwaldes ist fast überall durch zerstörerische Baumaßnahmen und unsensible Manipulationen mit Wasser verstellt.

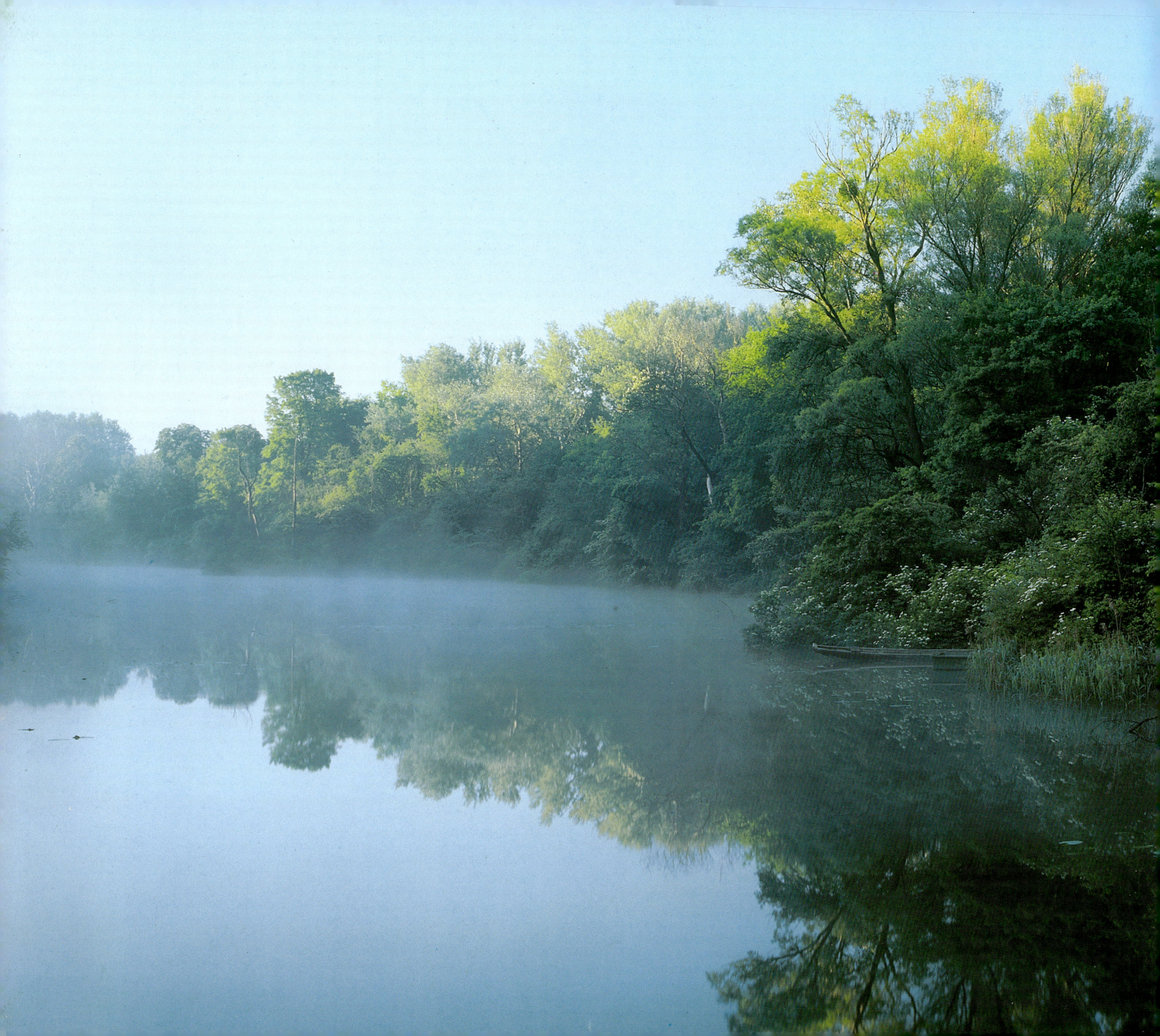

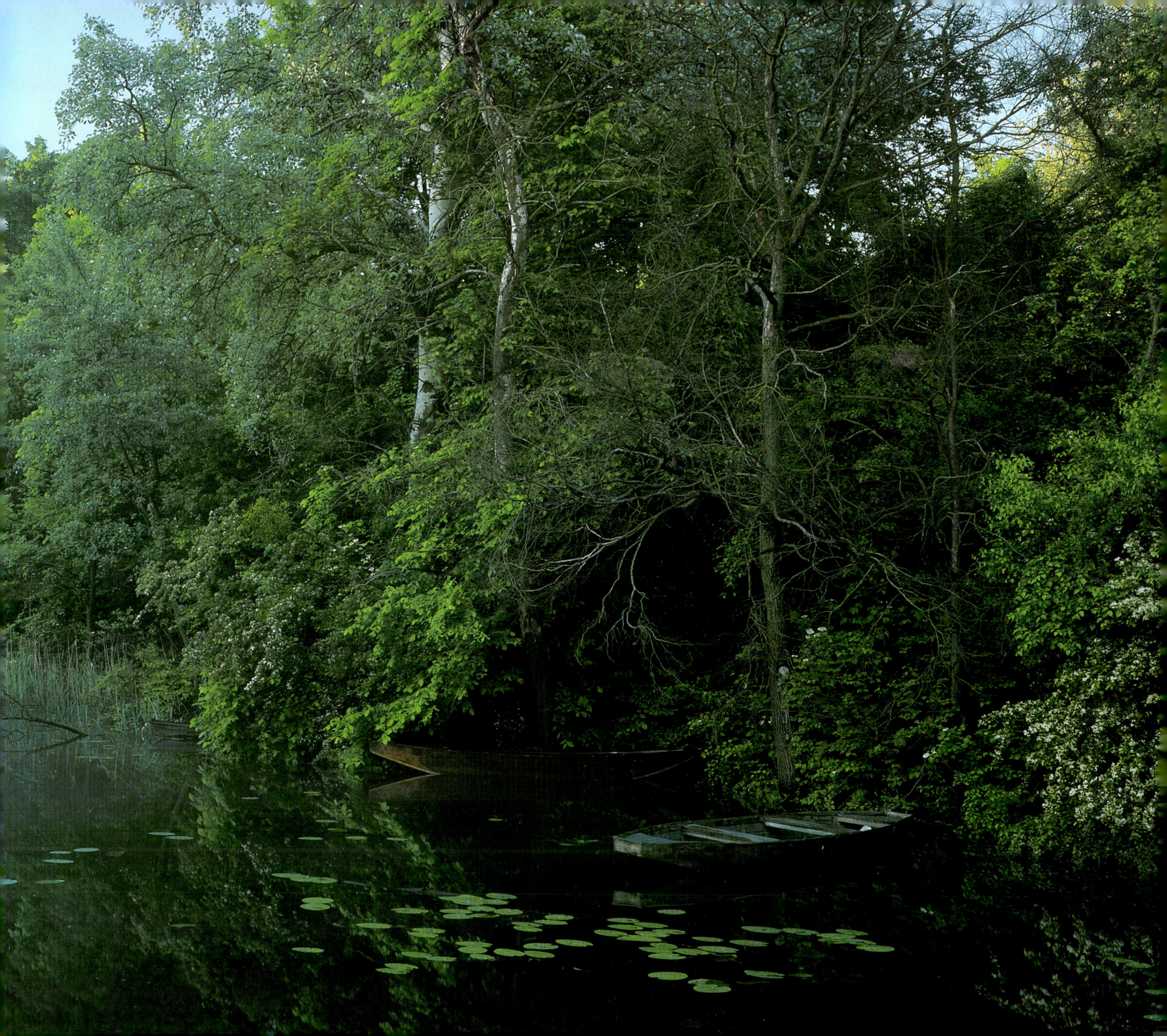

Laubfrösche (Hyla arborea) *sind in unseren Breiten vor allem dämmerungs- und nachtaktiv. Am Tag sonnen sie sich gern und schlafen dabei. Dieses Jungtier hat sich abseits des Waldrandes einen ungewöhnlichen Ruheplatz ausgesucht. Laubfrösche bevorzugen eher großblättrige Pflanzen, wie Flieder-, Himbeer- oder Brombeerstauden, dichte Sträucher, junge Weidenbestände oder Schilf. Bei Schlechtwetter bleiben sie in den unteren Vegetationsschichten versteckt.*

Leben zwischen Land und Wasser

An warmen, windstillen Frühlingsabenden, wenn sich die Dämmerung über den Auwaldteich und seinen dichten Schilfgürtel senkt, ist die Luft mancherorts von ohrenbetäubendem Lärm erfüllt. Ein richtiges Froschkonzert – den Begriff kennen viele Stadtbewohner nur vom Hörensagen –, wie es nur noch an wenigen Stellen zu hören ist!

Ausgerechnet eine der kleinsten europäischen Froscharten ist für den größten Lärm verantwortlich: der Laubfrosch. Kaum eine andere Amphibienart erweckt so viel Sympathie wie er. In früheren Zeiten war er als „Wetterprophet" aus dem Gurkenglas bekannt. „Der Laubfrosch, den im Einmachglas manch grüner Junge wohl besaß, verkündete auf seiner Leiter, ob's Wetter schlecht wird oder heiter", schrieb Eugen Roth in einem vergnüglichen „Lurchgedicht". Zum Glück sind solche lebenden „Barometer" heute nicht mehr verbreitet. Mit dem niedlichen kleinen Wetterpropheten steht es nämlich nicht zum Besten. Fast überall gehen seine Bestände zurück, regional ist er bereits ausgestorben. Auch in vielen Randbereichen der Au, die dem Laubfrosch an sich ideale Lebensräume bieten sollten, sind seine Populationen erloschen. In den letzten dreißig Jahren verstummte vielerorts das laute Rufen der Laubfrösche und kein Froschkonzert ist mehr zu hören.

Es wäre falsch zu behaupten, dass der Mensch immer direkt dafür verantwortlich ist – indirekt jedoch allemal. Gewässer unterliegen einer natürlichen Entwicklung und „altern" im Laufe der Zeit. Lebensräume, die einst als ausgezeichnete Amphibienlaichgewässer geeignet waren, können in zehn oder zwanzig Jahren durch natürliche Sukzession (etwa zunehmender Bewuchs) ihre Eigenschaften so stark verändern, dass sie als Laichgewässer nicht mehr angenommen werden. Die Uferbereiche verkrauten zusehends, die Unterwasservegetation wird raumfüllend und der Tümpel verlandet. Nährstoffverhältnisse und chemische Eigenschaften des Wassers ändern sich. Sträucher und Bäume der unmittelbaren Umgebung werden größer und nehmen dem Gewässer Licht weg. Auch ein Gewässer macht somit eine Metamorphose durch, ähnlich wie die in ihm lebenden Amphibien, nur dauert diese Verwandlung wesentlich länger. So manches Gewässer wird im Laufe der Zeit zu einem Landlebensraum. Diese Erkenntnis unterstreicht die lebenswichtige Bedeutung des Wortes Dynamik für den Auwald und seine Bewohner.

Ein großer Teich war zugefroren:
Die Fröschlein in der Tief' verloren,
Durften nicht ferner quaken noch springen …
Der Tauwind kam, das Eis zerschmolz,
Nun ruderten sie und landeten stolz
Und saßen am Ufer weit und breit
Und quakten wie vor alter Zeit.
Johann Wolfgang von Goethe

Was die angeblichen meteorologischen Fähigkeiten des Laubfrosches angeht, so sei gesagt: er kann das Wetter nicht verlässlich vorhersagen. Vor Schlechtwetter soll er am Boden des Glases hocken und quaken, während er bei Schönwetter auf die kleine Leiter klettert und dort sitzen bleibt. Aber: Laubfrösche klettern bei sonniger Witterung eben gern auf Sträucher und Bäume und genießen die wärmenden Sonnenstrahlen. So macht der Laubfrosch seiner Familienzugehörigkeit alle Ehre. Die mehr als 700 Arten umfassende, wärmeliebende Familie der Laubfrösche ist fast ausnahmslos in den Tropen beheimatet. Laubfrösche zeigen also durch ihr Verhalten an, wie das Wetter gerade ist und nicht, wie es am nächsten Tag sein wird. Da Laubfrösche in der Natur mehrere Meter hoch klettern, reicht außerdem der knappe Raum eines Gurkenglases kaum aus, um die natürlichen Verhaltensweisen auszuleben. Die Unzuverlässigkeit, mit der der Laubfrosch seinen Dienst als Wetterprophet verrichtet, hat einen positiven Nebeneffekt: Der Laubfrosch im Gurkenglas ist aus der Mode gekommen.

Beim Spaziergang an einem ruhigen Gewässer sind laute Rufe zu hören, die sich deutlich von denen der Laubfrösche unterscheiden.

Die grünen Teichfrösche (Rana kl. esculenta) haben im Gegensatz zu den Braunfröschen eine verlängerte Laichzeit, die sich von Mitte April bis Anfang Juni über etwa zwei Monate erstrecken kann. Während Braunfrösche nach der kurzen Laichzeit die Gewässer verlassen und in die Au und ihre Umgebung ziehen, halten sich Wasserfrösche ständig in oder an Gewässern auf.

Dann springt etwas mit einem weiten Sprung vom schilfbewachsenen, verkrauteten Ufer ins Wasser, noch bevor man erkennen kann, was es ist. Und der eine Sprung löst gleich eine Kettenreaktion aus: eine ganze Menge weiterer Tiere flüchten springend ins Wasser. Augenblicklich sind die mysteriösen Wesen weggetaucht, auf dem Grund des Gewässers verschwunden. Erst nach Minuten zeigen sich kleine Köpfchen mit großen Augen. Regungslos beobachten sie die Umgebung, jederzeit bereit, blitzschnell wieder unterzutauchen. Endlich schwimmen sie langsam zum Ufer zurück und machen sich, zwischen Kräutern versteckt, wieder zum Sonnen bereit. Das sind die „Grünen", Grün- oder Wasserfrösche. Auch ihr Gequake war einst weit zu hören. Im Unterschied zum nächtlichen Froschkonzert der Laubfrösche ertönt es häufig auch bei Tag. Beim Rufen sind ihre aufgeblasenen Schallblasen an beiden Seiten des Kopfes zu sehen. Rufe von Wasserfröschen können im Auwald mit Stimmen mancher Vögel wie Zwergsumpfhuhn, Waldschnepfe oder Zwergdommel verwechselt werden.

Dass Wasserfrösche bei der kleinsten Erschütterung zum rettenden Sprung ins Wasser ansetzen, hängt mit der langen Liste ihrer Freßfeinde zusammen. Storch, Reiher und mehr als siebzig weitere Vogelarten sowie etliche Säugetiere und Schlangen stellen den Wasserfröschen nach.

Wenn im Herbst kühles und unfreundliches Wetter über die Au hereinbricht, verschwinden die Wasserfrösche. Seefrösche überwintern am Grund ihres Gewässers und tauchen erst im nächsten Frühjahr wieder auf. Wie Eugen Roth richtig bemerkt: „Der Frosch kann

Die Männchen der Moorfrösche (Rana Arvalis) sind während der Laichzeit leuchtend blau gefärbt.

ohne Angst vorm Schnupfen vergnügt ins kalte Wasser hupfen." Kleine Wasserfrösche überwintern immer an Land und Teichfrösche – wie es sich für einen Mischling gehört – entweder im Wasser oder an Land. Im Unterschied zu manchen anderen Amphibienarten brauchen sie keine Wanderung anzutreten. Als wechselwarme Tiere, deren Körpertemperatur nahezu ausschließlich von ihrer Umgebung abhängt, müssen sie im Winter nur einen frostsicheren Platz finden.

Die nächsten Verwandten der Wasserfrösche sind die Braunfrösche: Grasfrosch, Moorfrosch und Springfrosch. Obwohl sie in der zoologischen Systematik zur gleichen Gattung wie die Grünfrösche gezählt werden, unterscheiden sie sich in ihrer Lebensweise wesentlich von ihren überwiegend im Wasser lebenden „Brüdern". Die Gewässer der Au suchen sie meist nur zum Laichen auf, um bald darauf in den Wald und die weite Landschaft zurückzukehren.

Die als „hässliche Kröte" bekannte Erdkröte gehört zu den häufigsten Amphibien Europas. Obwohl sie die meiste Zeit an Land verbringt, sucht sie die Gewässer der Au zur Laichzeit auf, um nachher wieder Wanderungen in ihre Sommerlebensräume zu unternehmen. In meterlangen Laichschnüren werden mehrere tausend Eier um Äste und Wasserpflanzen gewickelt und ihrem Schicksal überlassen. Aus ihnen schlüpfen kleine, fast schwarze Kaulquappen, die zu tausenden und aber tausenden in dichten Schwärmen durch das Gewässer ziehen und rund um die seichten Uferbereiche einen schwarzen Saum bilden. Da sie Fischen nicht so gut schmecken wie andere Amphibienlarven, haben sie auch in fischreicheren Gewässern eine gute Überlebenschance.

Im Osten Europas ertönen in den Auwäldern auch die Rufe der Tiefland- oder Rotbauchunke (*Bombina bombina*). Tag und Nacht sind die dumpfen, einem Glockenton ähnlichen Rufe zu hören, ohne dass es möglich wäre, die Tiere genau zu lokalisieren. Wenn mehrere Männchen gegenrufen, ergibt es eine melancholisch klingende Melodie, die sprichwörtlich gewordenen „Unkenrufe".

In verschiedenen Teilen Europas können – je nachdem, welche Lebensräume die Auwälder umgeben – zahlreiche weitere Lurcharten entweder ganzjährig vorkommen oder die Au zumindest zum Ablaichen oder als Überwinterungsplatz aufsuchen. Unerwähnt blieben bisher die „Vettern" der Frösche und Kröten, die mit einem Schwanz ausgestatteten Schwanzlurche, zu denen Molche und Salamander zählen. Obwohl Molche die Gewässer der Au überaus zahlreich besiedeln können, bleiben sie durch ihre geringe Größe und versteckte Lebensweise häufig unentdeckt. Nur wenn man lang genug die ruhige Wasseroberfläche eines Auentümpels beobachtet, bemerkt man von Zeit zu Zeit ein kleines Tier, das schlängelnd blitzschnell an die Oberfläche kommt, Luft schnappt, um dann wieder im trüben Wasser zu verschwinden.

Die Finger und Zehen der Laubfrösche unterscheiden sich deutlich von denen anderer heimischer Froschlurche: sie sind besonders dem Klettern angepasst. Auffallend sind die verbreiteten Haftscheiben an den Finger- und Zehenspitzen. Die Haut des Haftpolsters ist verdickt und enthält zahlreiche Schleimdrüsen, die ein klebriges Sekret absondern. Schwimmhäute sind nur auf den Hintergliedmaßen vorhanden und dort auch nicht besonders gut entwickelt.

Die Au kann die höchste Amphibiendichte aller mitteleuropäischen Lebensräume aufweisen. Von hier aus besiedeln die Lurche im Sommer die umgebende Landschaft. Ob als Laich, Kaulquappe, Jungfrosch oder als adultes Tier – die hohe Zahl ihrer Nachkommen spielt für das gesamte Nahrungsnetz des Auwaldes eine ausschlaggebende Rolle.

Die Färbung der Laubfrösche kann variieren. Relativ häufig sind bräunliche, seltener graue Exemplare, aus der Camargue (Südfrankreich) sind sogar azurblaue Laubfrösche bekannt.

Der Springfrosch (Rana dalmatina) begibt sich oft schon vor dem Grasfrosch als erste Amphibienart auf die Wanderung zum Laichgewässer. „Braunfrösche" sind bei ihrer Lebensweise auf dem Boden und im Laub gut gegen Predatoren geschützt.

*Über kurz oder lang verdrängt in schlammigen
Altwassern die robustere Gelbe Teichrose (Nuphar lutea)
die Weiße Seerose (Nymphaea alba).*

Strategien des Überlebens

Der Eindruck der wilden Ursprünglichkeit ist überraschend, der Reichtum an nebeneinander existierenden Biotopen überwältigend. Beim Anblick eines Auwaldes merkt man sogleich: Dies ist ein Wald, der „reicher" ist als andere. Wo liegt der Unterschied, was bringt die Vielfalt hervor und wie können so viele verschiedene Arten auf einem relativ engen Raum zusammenleben?

Der Auwald mit seinen tausenden Pflanzen- und Tierarten bietet zahlreiche Beispiele für interessante Überlebensstrategien, ein Mit- und Nebeneinander vieler Arten, das zwar eine gewisse Ordnung bedeutet, allerdings keine starre, sondern eine dynamische. Sie passt sich den wechselnden Umweltbedingungen an, ohne dass dabei Chaos entsteht. Neubesiedlung, Konkurrenz, Sukzessionen und Zufallsereignisse prägen eine Abfolge von Lebensgemeinschaften sowie ein ständiges Neuentstehen und Weiterentwickeln von Lebensräumen.

In der nährstoffreichen, gewässernahen Weichen Au wuchert die Vegetation. Von allen Waldtypen erfährt gerade die Weichholzau das schnellste Wachstum. Ihre Bäume sind eben „aus anderem Holz geschnitzt" als jene eines „normalen" Waldes. Silberweiden können mehr als 200 Tage Hochwasser ertragen, die uferfernen Bäume der Hartholzau überstehen immerhin bis zu 50 Tage dauernde Überschwemmungen. Trotzdem wird eine langanhaltende Flut irgendwann zum ernsthaften Problem. Die Atmung durch die Wurzeln wird unterbunden und anlandendes Treibgut kann die Stämme verletzen. Wenn die Flut weicht, wird die Notfallstrategie der Weichhölzer sichtbar: Struppige Bärte langer, dünner Wurzeln hängen von den Stämmen herab. Solche Adventivwurzeln bilden die Bäume schon innerhalb weniger Wochen aus, um sich vor dem Erstickungstod durch Sauerstoffmangel zu bewahren.

Wir sollten mit mehr Ehrfurcht vor der unendlichen Macht der Natur vorgehen, wenn es gilt, ihre Grenzen zu bestimmen, und mit mehr Verständnis für die Beschränkung und die Schwäche unseres Urteils.
Michel de Montaigne

Eine ganz besondere Partnerschaft mit weitreichenden ökologischen Konsequenzen hat sich zwischen Erlen, einer der Charakterarten der Weichen Au, und mikroskopisch kleinen Strahlenpilzen entwickelt. Diese symbiontischen Partner – in Wirklichkeit handelt es sich um Bakterien und keine echten Pilze – sind in den Wurzelknöllchen der Erlen enthalten und tragen den wissenschaftlichen Namen *Actinomyces alni* (der Artname alni kommt von Alnus = Erle). Sie haben die besondere Fähigkeit, der Luft Stickstoff zu entnehmen, zu binden, dem Wirt zuzuführen und so für eine natürliche Düngung zu sorgen. Die Erlen haben mit Hilfe ihrer Partner die gleiche Fähigkeit wie die Hülsenfrüchte mit ihren Knöllchenbakterien, die in der Landwirtschaft eine nicht zu unterschätzende Rolle spielen. Nicht zuletzt dieser Fähigkeit verdanken die Erlen ihre starke Konkurrenzfähigkeit mit den Weiden und Pappeln auf der einen Seite und Harthölzern wie Eschen und Ulmen auf der anderen.

Um vom einmal eroberten Standort vollständig Besitz zu ergreifen und ihn so sicher wie möglich zu machen, haben sich die Schwarzpappeln im wahrsten Sinne des Wortes „zusammengetan". Ihr Wurzelwerk bildet unterirdisch ein dichtes Netz, in dem die Triebe mehrerer Bäume miteinander verbunden sind. So schützen sie Uferzonen und Inseln vor der ihre Existenz bedrohenden Bodenerosion.

Die Bäume der nur noch bei starken Überflutungen unter Wasser stehenden Hartholzau können keine Luftwurzeln bilden und vertragen keine allzu langen Hochwässer. Das langsame Wachstum von Hainbuche, Esche, Ulme, Ahorn und Eiche lässt jedoch härteres Holz entstehen. Wahre Urwaldriesen können sich hier entwickeln und mehrere hundert Jahre alt werden. Sie stehen für einen Lebensraum mit relativ hoher Stabilität. Bevor es jedoch soweit ist, muss eine lange

In europäischen Feuchtgebieten häufig zu sehen sind die Federlibellen. Die Eiablage erfolgt unter Wasser oft in die Blütenstiele der Gelben Teichrose. Die blaugefärbten Männchen bleiben während der Eiablage mit ihrem am Ende des Hinterleibs liegenden Klammerapparat an der Vorderbrust der Weibchen knapp hinter dem Kopf gekoppelt.

Der Großrüssler (Liparus glabrirostris) ist einer der größten der etwa 1200 Rüsselkäferarten Mitteleuropas. Er ist häufig in bachbegleitenden Pestwurzbeständen in mittleren und höheren Lagen zu finden.

Das Drüsige Springkraut (Impatiens glandulifera) ist heute aus Auwäldern kaum mehr wegzudenken. Es stammt aus dem Himalajagebiet und wurde im 19. Jahrhundert eingeführt. Ursprünglich hat es in Europa nur eine Springkrautart gegeben: das Rührmichnichtan (Impatiens noli-tangere). Berührt man die reifen Samenkapseln im Vorübergehen, explodieren diese und schleudern die Samen weit hinaus.

An feuchten Stellen und an Gewässerrändern oft zu sehen: die Bachnelkenwurz (Geum rivale).

In stehenden oder langsam fließenden Gewässern wächst der Ästige Igelkolben (Sparganium ramosum) mit seinen kaum wahrnehmbaren Blüten. Bestäubt wird die Pflanze durch den Wind; für die Verbreitung der Samen, die in den Früchtchen enthalten sind, sorgen Wasser und mitunter auch Wasservögel.

Die Samen vieler Pflanzen werden im Auwald durch Wind oder Wasser verdriftet. So können kahlgefegte Flächen und Schotterbänke nach einem Hochwasser rasch besiedelt werden. Die bekanntesten Samen führen zu regelrechten Schneegestöbern: Wenn im Sommer die flockigen, weißen Samen der Weiden und Pappeln vom Wind vertragen werden und den Boden bedecken, kehrt in der Au für kurze Zeit der „Winter" ein.

Die Larven der Großlibellen klettern am Ende ihrer Entwicklung auf aus dem Wasser ragende Pflanzenteile. Unter der Haut des letzten Larvenstadiums entwickelt sich, ohne dass vorher eine Verpuppung stattfindet, das fertige Insekt. Während dieses schon über dem Gewässer schwirrt, bleibt die leere Hülle an den Blättern hängen.

Zeit verstreichen, in der sich rund um das Hartgehölz viele Generationen kurzlebiger Pflanzen entwickeln und wieder vergehen. Auch ein Urwaldriese hat seine Existenz einst als kleiner Same begonnen und auf dem dunklen Waldboden Fuß zu fassen versucht. Es herrschte nicht nur Mangel an Licht, Nährstoffen und Raum, der Keimling war auch der Gefahr ausgesetzt, von den hungrigen Mäulern unzähliger kleiner und großer Tiere verzehrt zu werden. Die Chancen durchzukommen stehen am Anfang schlecht. Einige schaffen es schließlich trotzdem: So mancher Baum der Harten Au, den wir bei einer Auwaldwanderung ehrfürchtig betrachten, war bereits zu Napoleons Zeit ein imposanter Baumriese.

Der Frühling bietet der auf dem Waldboden wachsenden Krautschicht die beste Entfaltungsmöglichkeit, solange sich das Laubdach hoch oben noch nicht geschlossen hat. Schneeglöckchen, Frühlingsknotenblumen, Leberblümchen, Blausterne und viele andere entfalten sich bereits während der Schneeschmelze oder kurz danach, einige brechen sogar durch den schwindenden Schnee. Das zarte Grün des Bärlauchs lockt Menschen in den Wald, die sich auf einen Salat mit feinem Knoblaucharoma freuen. Die explosionsartige Entwicklung auf dem Waldboden und die Farbenpracht der Blüten gehen allerdings rasch zu Ende. Nahezu alle Sonnenstrahlen werden bald von den Baumkronen abgefangen, die den Waldboden in ein Dauerdämmerlicht hüllen und in den unteren Stockwerken kein üppiges Wachstum mehr zulassen. Der Höhepunkt des Kräuterjahres ist damit vorbei. Manche der Kräuter – die Einjährigen – sterben vor dem Winter ab, vorher haben sie jedoch für genügend Samen gesorgt, die im Auwald weit verstreut überwintern. Im nächsten Frühjahr haben sie wieder gute Chancen, neue Standorte zu besiedeln. Von der hochwasserbedrohten Schotterbank bis zu den trockenen Heißländen werden die verschiedenen Bereiche des Auwaldes von immer neuen Kräutergesellschaften geprägt. Von Monat zu Monat ändert sich das Gesicht der Krautschicht, je nachdem welche Arten in Blüte stehen, welche ihr Blattwerk entfalten und welche bereits fruchten.

Eine der auffälligsten Pflanzen unserer Feuchtgebiete: die Gelbe Schwertlilie (Iris pseudacorus).

Neu entstandene Sand- und Kiesbänke verlangen als kurzlebige Standorte der Weichen Au nach besonders geeigneten Pflanzen, sogenannten Pionierarten. Ihr Markenzeichen ist ihre Fähigkeit, dort zu siedeln, wo andere untergehen würden. Sie verfügen über Mechanismen, die ihnen ein Leben unter den unwirtlichen Bedingungen ihres Standortes erträglicher machen oder überhaupt erst erlauben. Oft sind es Einjährige, die rasch wachsen, blühen und fruchten. Der Wind verbreitet dann ihre Samen zu weiteren verödeten Flächen.

Obwohl die Au unter natürlichen Umständen ein mit Wasser reichlich gesegneter Lebensraum ist, müssen ihre Bewohner bei Niedrigwasser im Fluss oder wenn Kleingewässer austrocknen, dennoch mit Trockenperioden fertig werden. Mehr oder weniger bewegliche Tiere wie Amphibien, Egel oder Wasserkäfer können das austrocknende Gewässer verlassen und ein anderes aufsuchen. Manch andere, wie verschiedene Kleinkrebse, Rädertiere oder der Süßwasserschwamm, lösen das Problem durch die Bildung von Dauerstadien. Manche flugfähigen Insekten wiederum beschleunigen ihre im Wasser ablaufende Entwicklung, so dass möglichst rasch ein wasserunabhängiges Stadium erreicht wird. Andere verstecken sich einfach unter Steinen, Wurzeln, Blättern oder in Schlammspalten, wo noch lange nach dem Trockenfallen des Gewässers Feuchtigkeit erhalten bleibt.

Wenn die Flut Sandbänke und kahle Schotterinseln wieder freigibt, werden sie zuerst durch wandernde Insekten besiedelt. Das Wasser könnte hier jedoch jederzeit hereinbrechen. Manche Arten sind dann in der Lage, unter ihren Flügeldecken einen Luftvorrat zu speichern. Sie können gut schwimmen und sich selbst von fließendem Wasser in die Luft erheben – bei einem relativ schweren Käfer eine beachtliche Fluchtmethode. Hakenkäfer sind dicht mit einem wasserabweisenden Haarkleid ausgestattet. Werden sie von Wasser überdeckt, sind sie dadurch automatisch von einer Lufthülle umgeben. Zwischen ihr und dem Wasser findet ein ständiger Gasaustausch statt, der dem Käfer für eine gewisse Zeit ein Leben unter Wasser ermöglicht.

Trotz der zahlreichen Überlebensstrategien existiert in manchen Gewässern zeitweise kaum höheres Leben. Das kann nach einem strengen Winter der Fall sein, wenn eine dicke Eisdecke die Sauerstoffzufuhr abgeschnitten hat und kein Grundwasserkontakt vorhanden war oder wenn ein Kleingewässer durchgefroren ist. Auch nach einem Hochwasser neu entstandene Augewässer können anfangs weitgehend ohne höheres Leben sein. Dieser Zustand ist im Auwald

Seerosen (Nymphaea alba) sind nicht nur schön anzusehen, ihre Blätter und zähen Stängel prägen auch einen eigenen „Schwimmblatt-Lebensraum". Ruhige Augewässer können im Frühsommer fast vollständig von See- und Teichrosen bedeckt sein.

allerdings immer von kurzer Dauer; verschiedene Strategien sorgen für ihre rasche Besiedlung. Viele Insekten unternehmen richtige Suchflüge durch die Landschaft, um nach neuen Lebensräumen Ausschau zu halten. Unken wandern durch die Au, besiedeln rasch auch kleine und relativ kurzlebige Gewässer und gehören somit zu den Pionierarten unter den Amphibien. Kleinkrebse, Rädertierchen oder Mücken werden als „Luftplankton" durch den Wind verfrachtet. Das Grundwasser, kleinere Hochwässer oder neu entstandene Verbindungen zu anderen Gewässern ermöglichen das Einschwemmen von Kleinorganismen oder ihrer Dauerstadien.

Eine besondere, als Zoochorie bezeichnete Besiedlungsmöglichkeit besteht für „Anhalter": Sie lassen sich von anderen, meist fliegenden Tieren transportieren. So werden manche Insekten- und Weichtierlarven sowie Parasiten durch Wasservögel oder fliegende Insekten verfrachtet. Egel, die sich festgesaugt haben, können auf wandernden Fröschen andere Gewässer erreichen.

Ein leider nur noch selten anzutreffendes Kuriosum unter den Tierarten mancher Auwiesen ist ein kleiner Urzeitkrebs, der so, wie er sich heute präsentiert, Jahrmillionen überdauert hat. Er gehört zu den ältesten noch lebenden Tierarten der Welt. Seine drei Augen haben ihm den wissenschaftlichen Namen Triops eingetragen. Urzeitkrebse leben heute noch beispielsweise in ausgetrockneten Altarmen der March, eines Nebenflusses der Donau im Grenzgebiet zwischen Österreich und der Slowakei in Kleingewässern, überschwemmten

Prachtlibellen haben metallisch blaugrün glänzende Flügel und tragen ihren Namen völlig zu Recht. Sie sind durch Verlust ihrer Lebensräume und Gewässerverschmutzung besonders bedroht.

Im dichten Blatt- und Astgewirr kämpfen die Blätter der See- und Teichrosen um genügend Platz, Licht und – sogar Wasser. Den Kontakt zu Wasser brauchen sie, um ein übermäßiges Aufheizen der Blätter zu vermeiden. Wenn die Pflanzen aus Platzmangel ihre Blätter über die Wasseroberfläche hinausschieben müssen, drohen ihnen Schäden durch „Sonnenbrand". Im schattigen Dschungel darunter lauern Hechte auf ihre Beute.

Wiesen und Vertiefungen von Radspuren. Die Dauereier dieser Art können jahrelang im Boden überleben, Trockenheit und Frost sind ihnen sogar willkommen. Wenn die Bedingungen wie Wasserbedeckung und Temperatur stimmen, bricht ihr Leben explosionsartig hervor. Larven entschlüpfen den Eiern und häuten sich innerhalb eines Monats etliche Male bis zum erwachsenen Tier. Wenn das Wasser wieder weicht, sterben die Krebschen ab. Ihre Eier jedoch lagern von neuem im Boden und warten auf die nächste Entfaltungschance.

So mancher trickreiche Einfall der Natur, ob bei Ernährung, Fortpflanzung oder Besiedlung, ist risikoreich und führt in ungünstigen Jahren zu hohen Ausfällen. Bereits im nächsten Jahr oder auch erst im übernächsten wird er sich aber wieder bewähren, für viele Nachkommen sorgen und die Verluste des Vorjahrs ausgleichen. Die Lebensstrategien des Auwaldes haben sich über lange Zeitalter entwickelt und im Überlebenskampf bewährt – sie müssen schon allein aus diesem Grund erfolgreich sein. Nur wenige Organismen können allerdings mit den dramatischen Umweltveränderungen fertig werden, wie sie der Mensch innerhalb kurzer Zeit eingeleitet hat. Ihnen können sie meist kaum eine Überlebensstrategie entgegensetzen.

Hoch- und Niedrigwässer sind wie die Jahreszeiten des Auwaldes. Sie prägen und verändern die Lebensbedingungen für Pflanzen und Tiere, verursachen manchmal kleinräumige „Katastrophen", ohne das System insgesamt aus dem Lot zu bringen.

*Die Deutsche Wespe (Paravespula germanica)
ist nur schwer von einer Reihe weiterer mitteleuropäischer
Wespenarten zu unterscheiden. Wespen sind Jäger,
die andere Insekten und Kleintiere im Flug erbeuten.
Später im Jahr lecken sie den Saft reifer Früchte.*

*Der Europäische Steinkauz (*Athene noctua*) brütet in lichten Wäldern, für seine Jagdzüge braucht er aber offenere Landschaften mit niedriger Vegetation.*

Hainburg an der Donau. Teile des größten zusammenhängenden Auwaldes Mitteleuropas zwischen Wien und Hainburg genießen nun den Status eines Nationalparks – nachdem man ihn in den 80er Jahren bereits der Rodung preisgegeben hatte. Ein nationaler Aufstand von Naturschützern verhinderte damals seine Zerstörung.

Ein Blick in die Vergangenheit

Bei der Betrachtung unserer heutigen letzten Augebiete erwacht die Neugier nach dem Urzustand dieser bemerkenswerten Wälder. Wie hat das Land nach der letzten Eiszeit ausgesehen? Wie haben sich die einzelnen Lebensräume gebildet und allmählich zu diesem komplexen Ökosystem verzahnt? Wie haben die ersten Menschen Mitteleuropa überhaupt vorgefunden? War es ein Paradies oder eine Furcht erregende Wildnis? Um unsere Neugier zu befriedigen, bräuchten wir eine Zeitmaschine; in Ermangelung einer solchen können wir die Urlandschaften, in die einst die ersten Siedler einzogen, heute nur noch ungefähr rekonstruieren. Eines jedenfalls ist sicher: ursprüngliche, von Menschen nicht veränderte Auwälder existieren in Europa heute nirgends mehr.

Im germanischen Wortschatz bedeutete das Wort „Au, Aue" Wasserwald. Bereits die alten Germanen erkannten also: Der Auwald verdankt seine Existenz dem Wasser. Wasser spielt in der Geschichte der Erde, des Lebens und der Auwälder tatsächlich die entscheidende Rolle. Es formte das Gesicht unseres Kontinents – zuletzt besonders massiv als dicke Eisschicht – und führte nach der letzten Eiszeit vor ungefähr 12000 Jahren zur Entstehung der Auwälder. Wie das Blut in einem Organismus dringt es in alle auch noch so kleinen Spalten und Hohlräume der Au, versorgt diese mit Nährstoffen und Sauerstoff, bildet Lebensräume für Pflanzen und Tiere, verbindet weit entfernte Standorte und trägt zum Ausgleich von Temperaturschwankungen bei.

Nach der Eiszeit boten große Teile Europas ein vollständig verändertes Bild: Gewaltige Gletscherschliffe, zurückgelassen von reibenden Eismassen, hatten sich in die Felsen gefressen, breite, leergefegte Täler kamen zum Vorschein, von Vegetation, geschweige denn Wäldern war vorerst keine Spur. Gewaltige Mengen an Schmelzwasser flossen durch die Landschaft, veränderten sie, wälzten unglaubliche Geschiebemassen vor sich her. Aus den Gebirgen wurde Kalk, Sandstein, Schiefer und Granit mitgeschwemmt und zu Kies und Sand zerrieben. Sogenannte Au-, Alluvial- oder Schwemmlandböden entstanden, herangetragen durch die alljährlichen Überschwemmungen. Auf diesem nährstoffreichen Grund erst siedelten sich nach und nach die typischen Pflanzen der Au an. Eine geschlossene Walddecke breitete sich aus. Entlang der mäandrierenden Fließgewässer entstanden – je nach geographischer Lage und Topographie – ausgedehnte Überschwemmungsgebiete, die Grundvoraussetzung für die Existenz der Auen. Sehr früh schon trafen die ersten Menschen, vor allem Jäger und Sammler, ein. Sie jedoch dürften das Bild der Vegetation noch kaum beeinflusst haben. Erst mit dem Ende der Mittleren Steinzeit kamen sesshafte Bauern, die das Land für ihre Zwecke umzugestalten begannen. Nutzbare Äcker wurden durch Brandrodung gewonnen, Pflüge wälzten den fruchtbaren Boden um. Die ersten Entwässerungsgräben durchzogen Feuchtgebiete und das Vieh weidete am Rand der damals noch endlosen Wälder. In jenem riesigen Gebiet Mitteleuropas, das heute Deutschland, Österreich, die Schweiz, Luxemburg, Polen, Tschechien, die Slowakei, Ungarn sowie große Teile angrenzender Länder umfasst, wurde aus dunklen Urwäldern allmählich ein Kaleidoskop aus Äckern, Heiden, Wiesen, Weiden und Waldfragmenten geschaffen.

Der Mensch begann bereits vor Jahrtausenden in das natürliche Gefüge der Pflanzenwelt einzugreifen, er änderte die Böden, auf denen die Vegetation wurzelt, und mit ihnen die einzelnen Lebensräume und Kleinklimata. Alle heute vorhandenen Ökosysteme, und mögen sie noch so natürlich aussehen, tragen seine Handschrift. Große

> *Viele und ausgedehnte Wälder lassen stets auf eine noch junge Zivilisation schließen: Auf dem seit uralter Zeit bebauten Boden der südlichen Länder erblickt man fast keine Bäume mehr, und die Sonnenstrahlen fallen lotrecht auf die durch die Menschen ihres Schmucks beraubte Erde.*
> *Madame de Staël*

Schönheit vergangener Tage: die Stadt Salzburg vom Süden her gesehen auf einem Ölgemälde um 1830. Selbst in Stadtnähe waren die Ufer der Salzach damals noch naturbelassen.

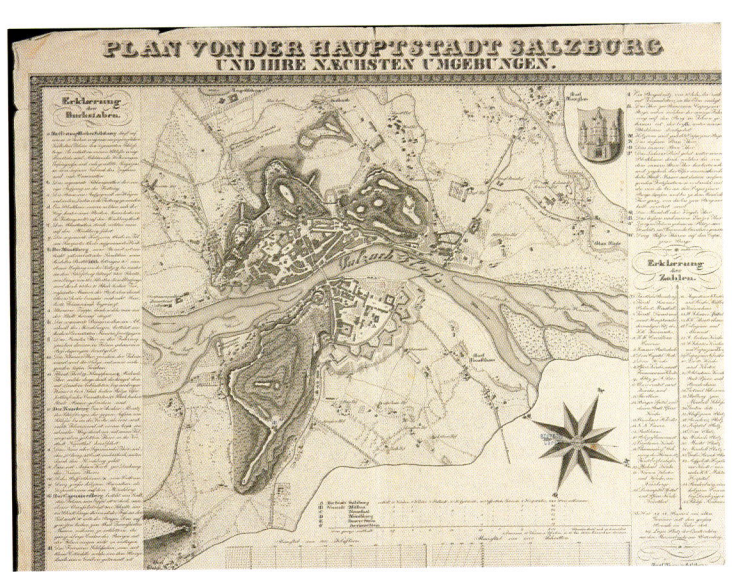

Die traurige Metamorphose eines Flusses innerhalb von weniger als 40 Jahren. Die Stadt Salzburg auf zwei alten Karten aus 1832 und 1870. Die erste zeigt die Salzach noch mit einem naturnahen Flussverlauf, die zweite bereits einen kanalisierten Fluss.

Flusssysteme wurden durch Roden und Beweiden der umliegenden Wälder zunächst nur indirekt beeinflusst. Die relativ geringen Eingriffe beschleunigten aber bereits den Abfluss der Niederschläge, so dass vermehrt Boden abgetragen wurde. Die Bodenverhältnisse änderten sich und damit auch die Vegetation und die Tierwelt. Als immer mehr Menschen sesshaft wurden und sich erste größere mitteleuropäische Kulturen entwickelten, entstanden im Gebiet um die großen Flüsse ausgedehnte Weide- und Anbauflächen. Später kam es durch Begradigung und Kanalisation zum direkten Zugriff auf das Wasser, wodurch sich ein naturfremder Zustand mit tiefgreifenden Folgen entwickelte. Kraft und Fließgeschwindigkeit des Wassers nahmen zu, das Flussbett grub sich tiefer ein, der Grundwasserspiegel in den Tälern sank und die Kommunikation mit den flussgebundenen Auen wurde erschwert. Eine Walze der Veränderung wurde damit bereits vor langer Zeit in Gang gesetzt und die Folgen reichen bis in die heutige Zeit. In früheren Jahrhunderten sind allerdings den Tieren und Pflanzen immer noch ausreichend große, unberührte Ausweichrefugien geblieben. Das Bild der Flusssysteme und ihrer Auen hat sich durch den Menschen zwar gewandelt; allen Baumaßnahmen zum Trotz bestimmt aber der Rhythmus des Wassers weiterhin ihr Leben.

Die meisten großen Städte und Handelszentren liegen an großen Flüssen. Seine, Po, Elbe, Rhein, Donau und weitere Ströme bildeten wichtige Handelsstraßen, die den an ihren Ufern erbauten Städten Wohlstand bescherten. Der günstige Standort forderte jedoch oft hohen Tribut. Überschwemmungen bedrohen die Metropolen und ihre strategische Bedeutung zeigt sich auch in Kriegen. Oft genug waren solche Städte Ziel von Belagerungen und Eroberungen.

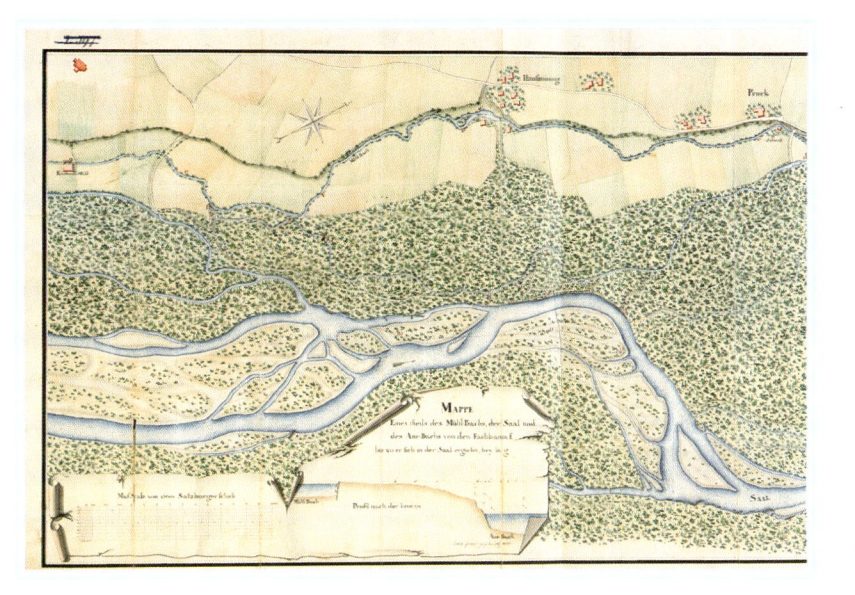

Natürliche Formen einer Fluss- und Aulandschaft um 1800.

Heute kaum vorstellbar, aber noch vor 200 bis 300 Jahren konnte selbst bei großen Strömen wie Rhein und Donau an manchen Stellen kaum ein Hauptstrom ausgemacht werden. Unzählige Mäander schlängelten sich im Tiefland um ebenso unzählige Inseln und Kiesbänke. Um all diese Wasseradern wuchs prächtiger, dichter Auwald. Als die Technik so weit gediehen war, dass weite Gebiete trockengelegt und Flussläufe „korrigiert" werden konnten, wurde dieser Fortschritt freudig begrüßt. Fruchtbares Land wurde gewonnen, tückische Flußschlingen schiffbar gemacht, die Wildnis schrittweise besiegt.

Die Augebiete hatten durch ihren zum Teil lockeren Boden große Kapazitäten, um die Wassermassen der periodischen Hochwässer aufzunehmen. Genau da liegt der Schwachpunkt des vermeintlichen Fortschritts, die Kehrseite der Medaille: Heute ist der Boden so verändert und verdichtet, so zubetoniert, dass er kaum mehr Kapazitäten für überschüssiges Wasser hat. So werden schwere Regenfälle zu einer ernsten Bedrohung für Mensch und Tier. Umweltschützer sprechen von sogenannten hausgemachten Katastrophen und auch der französische Schriftsteller Joseph Joubert schließt sich dieser Meinung an: „Es ist, als ob die Völker die Gefahren liebten, weil sie sich solche schaffen, wenn es keine gibt." Der Mensch selbst – früher noch nicht besser wissend, heute jedoch gut informiert – hat viele Katastrophen selbst verschuldet.

Um die zerstörerische Macht des Wassers zu dokumentieren, müssen wir nicht allzu weit in der Geschichte zurückgehen. Erst vor wenigen Jahren brachten langandauernde Regenfälle die Städte Frankfurt an der Oder, Breslau und ihr gesamtes Umland in große Gefahr. Teile Polens, Ostdeutschlands und Tschechiens standen unter Wasser, man sprach von einem Jahrtausendhochwasser. Dämme hielten dem Druck nicht mehr stand, Menschen mussten ihre Häuser verlassen, einige ertranken in den Fluten, Schäden in Milliardenhöhe blieben zurück. Seit damals macht sich selbst bei Wirtschaftsmanagern und Politikern eine gewisse Einsicht in die Übermacht der Natur bemerkbar. Und damals äußerte Helmut Kohl den denkwürdigen Satz: „Gebt den Flüssen ihren Raum." Mit diesen fünf Worten gelang es dem damaligen deutschen Bundeskanzler, das Kernproblem dieser Naturkatastrophe zu erfassen.

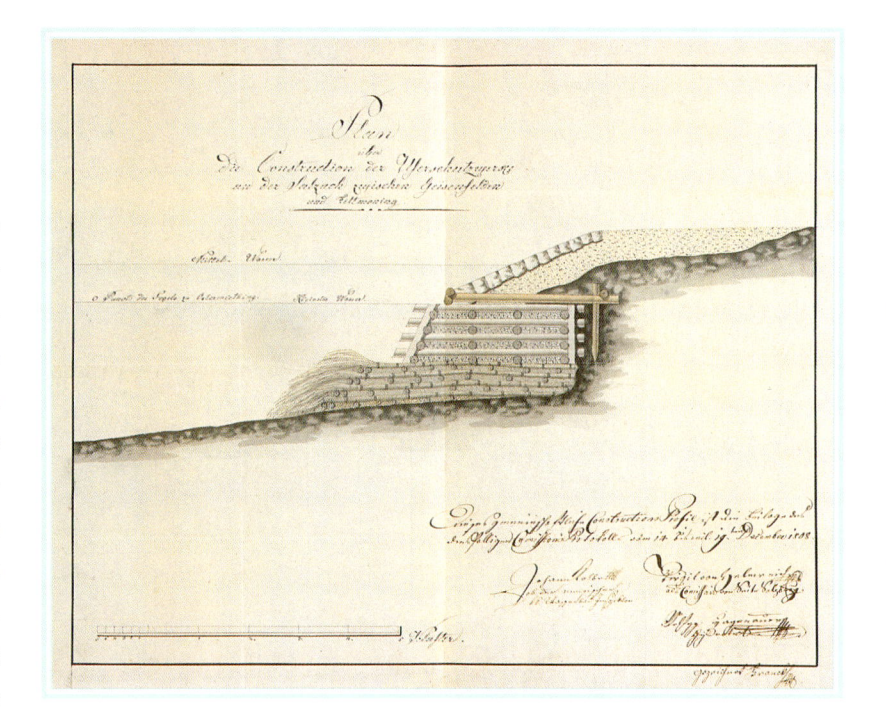

Die Flüsse mit ihrer gewaltigen Kraft bringen – ob mit intakten Auwäldern oder eingezwängt und kanalisiert – immer das Risiko von Zerstörungen mit sich. Auch in unserer hochtechnisierten Welt mit Dämmen und Schutzbauten bleiben wir Spielball der Elemente, müssen uns der Dynamik des Wassers unterwerfen und manchmal hilflos mitansehen, wie Haus und Hof zerstört werden.

Schon früh haben die Menschen in der Nähe ihrer Städte und Siedlungen Ufersicherungen angelegt. Um 1800 wurden solche Schutzwerke noch vielfach „umweltverträglich" gebaut, auch wenn der Ausdruck damals noch unbekannt war. Wenig später errichtete man bereits harte Verbauungen und zwang die Flüsse in kanalisierte Gewässerläufe.

Fischotter (Lutra lutra) waren einst in ganz Europa an stehenden und fließenden Gewässern verbreitet. Weil sie geschickte Fischjäger sind und wegen ihres wertvollen Fells stellten ihnen die Menschen über Jahrhunderte erbarmungslos nach.

Die mit 50 bis 70 Jahren extrem langlebige Sumpfschildkröte (Emys orbicularis) ist ein heute selten gewordener Aubewohner. Sumpfschildkröten sind sonnenliebend und standorttreu. In der Wahl ihrer Nahrung sind sie nicht wählerisch: angefangen von Wasserflöhen über Insektenlarven, Molche und Frösche bis zu Fischen wird alles verzehrt, was erbeutet werden kann.

Die naturbelassene Schönheit und der Reichtum des Wasserwaldes sprechen für sich.

Ein Blick in die Zukunft oder: Was können wir tun?

Beton und Asphalt statt Humus, abgelagerter Müll und Bauschutt statt Tümpel und Feuchtwiese, Monokultur statt Urwald und Kraftwerk statt Auwald. Wenn wir Bilanz ziehen über unseren Umgang mit der Au, können wir auf uns wohl nicht besonders stolz sein.

Der im Titel des Buches angedeutete Gedanke zum Auwald als dem letzten „Dschungel" Europas – gemeint ist eine möglichst ursprüngliche Wildnis mit natürlich ablaufender Dynamik – ist insofern nicht ganz korrekt, als es in Europa kaum noch wirkliche Urwälder im ursprünglichen Sinn des Wortes gibt. Im Sinne eines „Ur"-Waldes nämlich, in dem alte Bäume ihren natürlichen Tod finden und über Jahrzehnte vermodernd auf dem Boden oder im Wasser liegen: Dieser Wald ist leider Vergangenheit. Seine mächtigen, gebrochenen Säulen sind Heimat und Nahrung für unzählige zersetzende Organismen, durch deren Tätigkeit wieder Platz für neue Bäume entsteht, deren Samen durch Wind und Vögel verbreitet werden. Ein „Ur"-Wald, wo im Dämmerlicht der Waldriesen der Eindruck einer Kathedrale entsteht. Im dichten Kronendach reißt der Tod und Sturz eines alten Riesen eine Wunde, es ist allerdings eine lebenbringende Wunde, die neuen Platz schafft und den Vorhang öffnet für Sonnenstrahlen bis zu den unteren Stockwerken. Auf den abgestorbenen Artgenossen wachsen neue heran, während das alte Holz langsam zu Humus vermodert. Ein Urwald lebt ewig und ist als Ganzes stetig, nur einzelne Individuen sterben und werden kontinuierlich von neuen ersetzt. Sterben und Wachstum befinden sich im Gleichgewicht.

Es ist ein psychologisches und kulturgeschichtliches Phänomen, dass der Mensch einen solchen „Urwald" unheimlich und menschenfeindlich fand und mit allen Mitteln versuchte, einen Kulturwald aus ihm zu machen. August Strindberg formulierte es so: „Der Wald ist die Urheimat der Barbarei und der Feind des Pfluges, also der Kultur." Der chaotische Wald, voller Wirrnis, passt nicht zur Ordnungsliebe des Menschen. Er hält es für seine Pflicht, ordnend einzugreifen. Sein Ideal ist der gepflegte, aufgeräumte Wald mit jederzeit befahrbaren Forstwegen und – was besonders wichtig ist – ohne Baumleichen. Man will den Wald sauber halten wie eine Stube und der Förster spielt dabei den Raumpfleger. Robert Musil spottete über diese „Ordnungsliebe" des Menschen und sein Walten im Wald: „Urwälder haben etwas höchst Unnatürliches und Entartetes ... Die Unnatur ist der Natur zur zweiten Natur geworden ... Ein deutscher Wald macht so etwas nicht ... Ein Wald, meistens aus Bretterreihen bestehend, die oben mit Grün verputzt sind ..."

Wenn ein Mensch zu anderen Himmelskörpern fliegt und dort feststellt, wie schön es doch auf unserer Erde ist, hat die Weltraumfahrt eines ihrer wichtigsten Ziele erfüllt.
Jules Romains

Ein Umdenken ist zwar im Gange, geschieht aber dem Auwald – und allen anderen Wäldern auch – viel zu langsam. Allzu zögerlich geben die Forstbehörden und Waldbesitzer nach und überlassen kleine Stückchen des Waldes sich selbst. Das Bild eines von Schädlingen befallenen Waldes wird heraufbeschworen. Wo bleibt die Erkenntnis, dass Schädlinge und ihr massenhaftes Auftreten in der Natur durch ökologische Mechanismen von selbst bekämpft werden? Allerdings nur so lange, wie es auch die Fressfeinde dieser Schädlinge – in all ihrem Artenreichtum und in ausreichender Menge – gibt. Natürliche Vielfalt muss gefördert werden, sie sorgt dann selbst für die effizienteste Schädlingsbekämpfung, ohne dass durch die „chemische Keule" Mensch und Natur Schaden zugefügt wird.

Das bisher Gesagte gilt für jede Art von Wald. Die Situation des Auwaldes ist insofern außergewöhnlich, als die negativen Eingriffe nicht direkt in ihm passieren müssen. Die Ursache des Unheils kann auch hunderte Kilometer weiter flussaufwärts liegen: die Manipulation mit Wasser, das Zurückhalten in Staubecken, das den Fluss seiner natürlichen Dynamik beraubt, das Zubetonieren und Zupflastern der Ufer, das Einleiten von ungeklärten Abwässern in einen Fluss, der keine natürlichen Reinigungsmechanismen und -möglichkeiten mehr besitzt. Das alles kann zwar weit weg von der Au erfolgen, ihr aber dennoch beträchtlichen Schaden zufügen oder gar ihr Ende bedeuten. Das Bemühen um die Erhaltung der Auwälder muss daher auf mehreren Ebenen ansetzen. Neben allgemeinen Umweltschutzmaßnahmen – wie Verringern des Luftschadstoffeintrags oder Vermeiden der direkten Zerstörung durch Rodung und gigantische Baumaßnahmen – müssen zahlreiche spezifische, das Fließgewässer betreffende Schritte unternommen werden, und zwar nicht nur im Bereich der Auwälder selbst, sondern auch weiter flussaufwärts:

- Beseitigen von Verrohrungen, Kastenprofilen, Durchlässen, Stauwehren und Sohlabstürzen,
- Wiederanbinden von Altarmen,
- Belassen von Totholz in den Gewässern,
- Wiederherstellen ausreichender Restwassermengen, einer erosionssicheren Gewässersohle, einer natürlichen Hochwasserbremsung und natürlicher Uferstreifen,
- Schutz vor Fremdstoffeinträgen und, was ausschlaggebend ist:
- Erhalten und Wiederherstellen von Überflutungsgebieten.

Eine ganze Menge von Aufgaben, die von den zuständigen Wasserbaubehörden eine grundlegende Umstellung verlangen, eine Abkehr von der jahrzehntelang geübten Praxis. Die Verantwortlichen

Auen mit all ihren vernetzten Lebensräumen sind Makro- und Mikrokosmos zugleich, ein Miteinander der pflanzlichen und tierischen Bewohner.

stehen damit vor ganz neuen Aufgaben. Die Mühe lohnt sich jedoch allemal. Neben dem großartigen Effekt für die Lebensräume hilft naturorientiertes Gewässermanagement auch, Kosten in Millionenhöhe zu sparen.

Einen Auwald in seiner ganzen Dimension, mit all seinen Vernetzungen der unzähligen Einzelkomponenten kann man nicht anpflanzen. Das bedeutet jedoch nicht, dass keine Schritte zur Wiederherstellung naturnaher Feuchtlebensräume möglich wären. Im Gegenteil, solche Maßnahmen werden in den letzten Jahren mit großem Erfolg durchgeführt. Das Zauberwort heißt Renaturierung oder Revitalisierung. Unsere Bäche und Flüsse aus Gründen des Hochwasserschutzes, der Landgewinnung oder Landverbesserung in ihrem kanalisierten Zustand zu erhalten, das gilt für viele (manche?) offizielle Stellen längst nicht mehr. Wenn früher eine Errungenschaft der Zivilisation „Flussbegradigen" hieß (in Zeiten von Kommunalwahlen einst gut zu verkaufen), so heißt sie heute kurioserweise „Laufentgradigen". Die Natur kennt tatsächlich – mit Ausnahme der Welt der Kristalle – kaum rechteckige, scharfkantige, geometrische Formen. Die sanften Mäander eines Fließgewässers demonstrieren uns die natürliche Vorzugsform. Die enorme Regenerationskraft der Natur erledigt den Rest der Arbeit: Nach einigen Jahren kann ein unbeteiligter Beobachter nicht glauben, dass entlang der revitalisierten Läufe vor kurzem noch schwere Baumaschinen am Werk waren, die mit viel Mühe den einst ebenfalls mit viel Mühe errichteten Betonsarg des Flusses entfernt haben.

Der Erfolg der Renaturierungsmaßnahmen, so erfreulich er auch

*Nur an wenigen Stellen Europas kann man
sich heute noch ein Bild davon machen, wie Auwälder,
diese „Dschungel" der gemäßigten Breiten, einst
im unberührten Zustand ausgesehen haben.*

Wasser prägt den Auwald. Das Holz seiner Bäume besteht zu 50 Prozent aus Wasser, manche seiner Bewohner wie Fische und Frösche bestehen zu annähernd 80 Prozent aus dieser einfachen Verbindung. Dass der Satz „Ohne Wasser kein Leben" vielfach zu einer Alibi-Floskel verkommen ist, ändert nichts an seinem Wahrheitsgehalt.

Wir nutzen den Auwald und brauchen ihn. Er dient uns als Erholungsraum, Wasserspeicher und Luftreiniger. Aber auch die Tierwelt braucht ihn, da bereits mehr als die Hälfte der Fläche Mitteleuropas aus Agrargebieten besteht. Dem Schutz des Waldes als Lebensraum und Rückzugsgebiet gebührt daher unsere volle Aufmerksamkeit.

ist, darf jedoch nicht zur Bestätigung für die absolute technische „Machbarkeit" verkommen. Renaturierte Fließgewässerabschnitte würden Jahrhunderte brauchen, bis sie den Zustand eines natürlichen Auwaldes erreicht hätten, vorausgesetzt es gibt in ihrer Nähe noch heile Landstriche, aus denen ein Wiederbesiedeln mit Tieren und Pflanzen erfolgen kann. Auch können Revitalisierungsmaßnahmen kaum so großflächig durchgeführt werden, dass einmal eine richtige Au mit der natürlichen Gliederung in Weich- und Hartholzau entstehen könnte. Dazu fehlt die entsprechende räumliche Dimension und in den meisten Fällen auch die natürliche Dynamik der Überschwemmungen. Zubetonieren von Gewässerläufen sollte der Vergangenheit angehören. Es wäre nicht vernünftig, heute noch überholte Maßnahmen zu setzen, sie etwas später dann doch als unklug zu erkennen und durch andere, genau entgegengesetzte Schritte wieder rückgängig zu machen. Man darf nicht vergessen, dass jeder menschliche Eingriff in die Abläufe der Natur Folgen haben kann, die wir heute gar nicht abschätzen und voraussehen können. So manche Umweltkatastrophe ist nicht unbedingt auf ein direktes Versagen der Planungsbehörden oder Fahrlässigkeit von Verantwortlichen zurückzuführen. Das Gefüge der Natur ist einfach so komplex, dass es uns nicht möglich ist, alle potenziellen Folgen einer bestimmten Handlung oder eines Eingriffs in all ihren Variationen und Kombinationen vorauszuberechnen. Die zahlreichen bedrohten Tier- und Pflanzenarten, für die die Auwälder letzte Refugien bedeuten, können nicht Jahrzehnte oder Jahrhunderte warten, bis wir die Natur in verschiedenen Bereichen wieder renaturiert haben, damit sie sich später dort ansiedeln können. Ganze Populationen empfindlicher Arten können innerhalb einiger Jahre erlöschen. Die kläglichen Reste der Auwälder dürfen daher um keinen Preis geopfert werden. Der beste Auwald bleibt der von Natur gemachte, der, den wir jetzt noch haben. Ihn gilt es zu erhalten.

Sonnenuntergang über der winterlichen Au. Sind wir, sind Institutionen, sind die Behörden in den letzten Jahren klüger geworden? Wird uns dieser besondere Lebensraum – und zwar nicht ausschließlich in einigen wenigen Nationalparks und ausgewiesenen Naturschutzgebieten – erhalten bleiben?

Literaturverzeichnis

BREHM J. & M. P. D. MEIERING, 1996: Fließgewässerkunde: Einführung in die Ökologie der Quellen, Bäche und Flüsse. 3. überarb. Auflage. Biologische Arbeitsbücher. Quelle und Meyer, Wiesbaden. COLDITZ G., 1994: Auen, Moore, Feuchtwiesen: Gefährdung und Schutz von Feuchtgebieten. Birkhäuser, Basel, Boston, Berlin. GAYL R. & I. ERKYN, 1984: Auenblicke. Neugebauer Press, Salzburg, München. GEPP, J., 1985: Auengewässer als Ökozellen. Bundesministerium für Gesundheit und Umweltschutz, Wien. GERKEN B., 1988: Auen – verborgene Lebensadern der Natur. Rombach Verlag, Freiburg. HINZE G., 1950: Der Biber. Akademie Verlag, Berlin. JELEM H., 1974: Die Auwälder der Donau in Österreich. Herausgegeben von der Forstlichen Bundesversuchsanstalt in Wien, Österreichischer Agrarverlag, Wien. REICHHOLF J., 1988: Feuchtgebiete. Die farbigen Naturführer, Mosaik Verlag, München. REICHHOLF J., 1989: Wald. Die farbigen Naturführer, Mosaik Verlag, München. REICHHOLF J., 1993: Comeback der Biber. C. H. Beck Verlag, München. REMMERT H., 1980: Ökologie. Springer Verlag, Berlin. REMMERT H., 1990: Naturschutz. SpringerVerlag, Berlin.

Fotonachweis

Sämtliche Aufnahmen sind von Dr. Robert Hofrichter mit folgenden Ausnahmen: (Seitenzahlen)

G. Popp & V. Hackner: 5, 6+7, 10+11, 15, 16+17, 30, 32, 33, 58, 60, 76.1, 93, 94, 96+97, 124+125, 150, 153, 154.1, 156, 157;

Naturhistorisches Museum Wien: 8

G. Molnar: 12, 13, 44+45, 59, 64.1, 70, 71, 79, 110.1, 112.1, 113, 117.2, 118, 142, 143, 158, 159;

P. Ác: 20, 21, 73, 74, 75, 102, 103, 149.2;

K. Kracher: 26.1, 26.2, 26.3, 39, 41, 104.2, 111, 114.1, 116, 117.1, 119.1, 120, 138, 149.1;

Salzburger Museum Carolino Augusteum: 146, 147, 148;

Innenklappen Kartenschmuckbilder aus Mercators Atlas, 1623, Amsterdam.

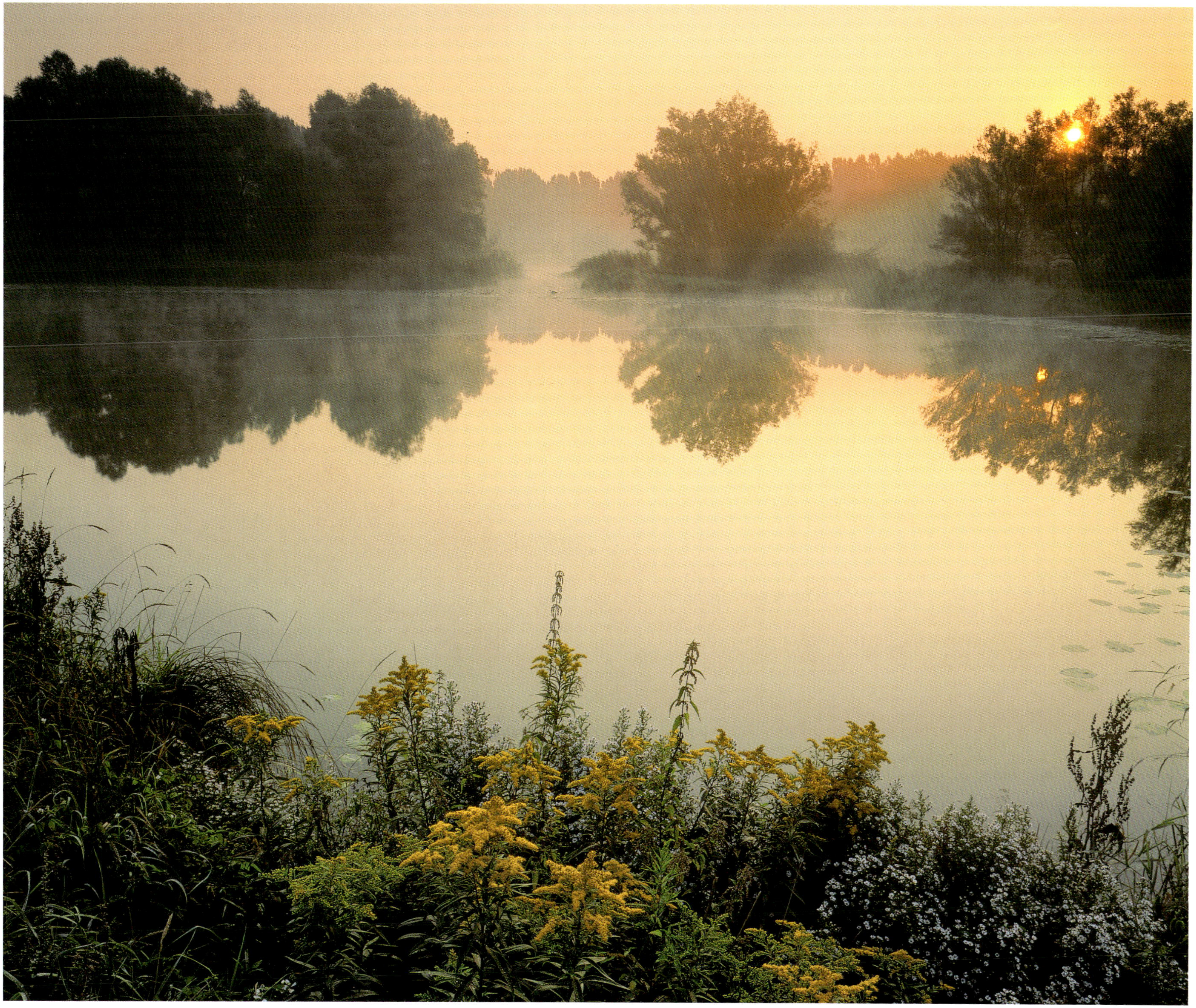

*Die volkstümlichen Namen der Waldrebe
(Clematis vitalba) wie Herrgottsbart, Geißbart oder
Frauenhaar leiten sich von deren wolligen Fruchtschöpfen
her. Wer mit offenen Augen und etwas Sachverstand
durch die Au geht, braucht für ihre Schutzbedürftigkeit
keine langen Begründungen.*

*Der Verlust unserer letzten Auwälder würde einer
ökologischen Katastrophe des Kontinents gleichkommen.
Und einem Verlust elementarer Lebensqualität.*

Weitere Bildbände aus dem Tecklenborg Verlag

Norbert Rosing
Deutsche Nationalparks
200 Seiten, 225 Abbildungen
Gebunden, 24 x 30 cm
DM 88,- / Best.-Nr. 429

Die deutschen Nationalparks: Bizarre Felsformationen, sanft geschwungene Dünen – bedrohte Tiere, seltene Pflanzen. In diesem beeindruckenden Bildband werden die deutschen Nationalparks in Text und Bild erstmals um-fangreich dokumentiert. Mit dem Auge der Kamera führt uns der Naturfotograf Norbert Rosing durch die vielfältigen und einmaligen Lebensräume unserer heimischen Nationalparks und gewährt uns mit Aufnahmen von bestechender Qualität Einblicke in die Schönheit einer von Menschen unberührten Natur. Neben der großen Bildauswahl erfährt der Leser auch informatives über die geschichtliche Entstehung und über die Besonderheiten der Tier- und Pflanzenwelt der Nationalparks.

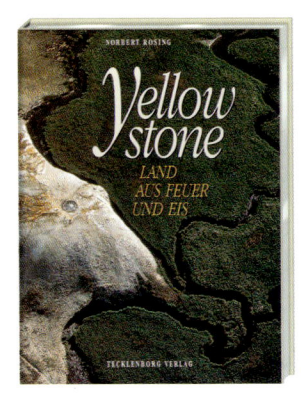

Norbert Rosing
Yellowstone
168 Seiten, 174 Abbildungen
Gebunden, 24 x 30 cm
DM 98,- / Best.-Nr. 442

Es gibt wohl keinen anderen Nationalpark der Welt, der mehr Superlative aufweist als der Yellowstone. Gegründet 1872, ist er der älteste Park seiner Art weltweit und bildet mit dem benachbarten Grand-Teton-Nationalpark sowie verschiedener angrenzender Wild- und Naturreservate mit einer Gesamtfläche von 36.000 km² das größte intakte Ökosystem der gemäßigten Klimazone. Mehr als 10.000 heiße Quellen und rund 250 aktive Geysire schleudern täglich ihre zum Teil riesigen Wassermassen in den Himmel. Norbert Rosing durchstreifte den Nationalpark mehr als ein Jahr lang. Dabei ist es ihm gelungen, den atemberaubenden Zauber des Yellowstone in seinen Bildern einzufangen.

Dr. Rainer Köthe
Nordische Impressionen
128 Seiten, 141 Abbildungen
Gebunden, 30 x 24 cm
DM 98,- / Best.-Nr. 449

Trotz ihrer geographischen Nähe zeigen die Länder Finnland, Schweden und Norwegen ihre ganz eigenen Charakterzüge. Das Bezaubernde an dieser in großen Teilen unbesiedelten Region ist die „Urlandschaft", die eine Sehnsucht vieler Menschen nach einer unberührten Natur erfüllt. Vor allem die endlos scheinenden Wälder, grünen Lichtungen, steinigen Anhöhen und die von leuchtendem Weiß bedeckten, mächtigen Gletscher üben einen besonderen Reiz auf die Naturliebhaber aus. Die besten skandinavischen Naturfotografen dokumentieren diese berauschende Schönheit und nehmen uns in ihrem Bildband mit auf eine eindrucksvolle Reise in die Länder der Mitternachtssonne und des Polarkreises.

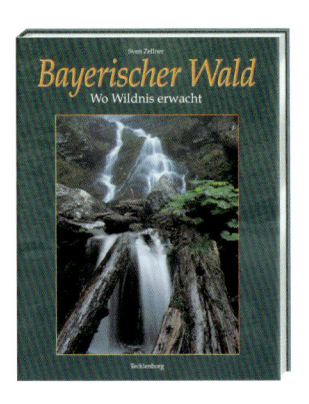

Sven Zellner
Bayerischer Wald
112 Seiten, 120 Abb., 5 Karten
Gebunden 21,5 x 28 cm
DM 48,- / Best.-Nr. 457

Mittlerweile gut erschlossen, ist der Bayerische Wald ein beliebtes Urlaubsziel und genießt als Nationalpark in weiten Teilen einen besonderen Schutz. Dichter Urwald, moosbedeckte Felsen und mächtige alte Bergfichten stehen in einem Verband mit Totholz und jüngeren Bäumen. Anlässlich des dreißigjährigen Bestehens des Nationalparks bieten wir diesen farbenprächtigen Band an, den der Naturfotograf Sven Zellner mit atemberaubend schönen Bildern eindrucksvoll in Szene gesetzt hat. Folgen Sie ihm auf eine Wanderung durch die dichten und geheimnisvollen Wälder und entdecken Sie verborgene Pflanzen und Tiere im Bayerischen Wald.